Schirner Verlag

Georg O. Gschwandler

Taya

Du bist alles, was du brauchst

Wie du dein wahres Selbst wiederfindest

Schirner Verlag

ISBN 978-3-8434-1134-9

Georg O. Gschwandler
Taya
Du bist alles, was du brauchst
Wie du dein wahres Selbst wiederfindest

Satz & Umschlag: Simone Leikauf, Schirner, unter Verwendung von #3628678 (DLW-Designs) und #116571166 (Shvaista), www.shutterstock.com
Redaktion: Janina Vogel, Schirner
Printed by: ren medien, Filderstadt, Germany

www.schirner.com

1. Auflage Mai 2014

Inhalt

Vorwort

»Alles ist perfekt.
Die Natur ist makellos.
Sie ist ein unglaubliches Wunder.
Auch du bist ein solches.
Dein Körper, dein Geist,
alles an dir ist genial.

Du brauchst dich nur an deine
grundlegenden Strukturen zu erinnern!
Wenn du diesen Weg des Erinnerns
gehst, wird dir bewusst,
wie seltsam es wäre, zu glauben,
dass du voller Fehler seist«.

Das Wort »taya« stammt aus dem Yaqui und bedeutet »brennen«. Für mich hatte das Feuer schon immer etwas Faszinierendes: diese urgewaltige Kraft als eine Kettenreaktion von enormer Schönheit! Es ist eine Entdeckung des Menschen, die alles verändert hat. Es ist eines der ersten Elemente, mit dem der Mensch in Resonanz gegangen ist. Und noch heute, Jahrtausende später, vermag es, uns zu fesseln. Der Blick in die Flammen ist ein Blick in unser Selbst und zugleich ein Blick auf den Beginn des Universums. Ich widme den Titel dieses Buches einer meiner stärksten Urstrukturen: dem Feuer – dem Vorgang des Brennens, der Wandlung, der transmutierenden Dynamik und dem Licht. Ich wähle ein Wort aus der Sprache der Yaqui, weil diese, meiner bescheidenen Meinung nach, das energetisch-spirituelle Prinzip der Resonanz und des inneren Feuers wohl am besten verstanden haben.

Dank

Mein Dank gebührt all jenen, die sich in unendlicher Mühe, ohne jemals aufzugeben, in den Dienst der Wahrheit gestellt haben. Er gilt jenen Frauen und Männern, die ihr Wissen nicht zurückhalten, sondern es bereitwillig mit allen teilen, und die willens sind, im Angesicht einer neuen Zeit in den Ozean der Wahrhaftigkeit einzutauchen.

Ich danke meiner Frau Heidi, die mich erträgt und stützt wie kein anderer Mensch in meinem Leben, Jeanne Ruland für ihren nie enden wollenden Enthusiasmus und ihre Liebe zu allem, was ist, sowie meinen Gönnern und Freunden hier und in Tierra Santa für ihr Vertrauen in meine Arbeit. Ebenso danke ich allen Wegbegleitern in Mexiko und Ecuador dafür, dass sie mir neue Wege zeigten, Türen öffneten und mir einen Blick in ein Universum gewährten, das größer, kraftvoller und wunderbarer ist, als ich es mir je vorzustellen vermochte. Und ich danke Don Esteban für die Erkenntnis, dass die eine Kraft, die alles zusammenhält, auch in uns strömen kann – die absolute Liebe!

Zum Geleit

Dieses Buch ist eine Reise, eine Expedition zu den grundlegenden Dingen, aus denen du gemacht bist. Es ist ein Weg zu deinen innersten Strukturen, zu dem, was du auf diese Welt mitbekommen hast. Es ist ein Weg des Sich-Erinnerns. Du wirst jene Dinge in dir entdecken, die du so lange Zeit vermisst hast. Du wirst zum Krieger. Du wirst dem Feuer in dir begegnen, ebenso dem Wasser, der Erde und der Luft. Du wirst lernen, das zu sein, was du in Wahrheit bist, und dich verbunden mit allem fühlen, das dich umgibt. Du wirst dich von alten Prägungen befreien, neue Wege entdecken und absolute Kraft und Klarheit spüren. Du wirst dir deiner Möglichkeiten bewusst werden und erfahren, dass dein Selbst eine physische Realität ist!

Die einfachen Werkzeuge in diesem Buch sind der Schlüssel dazu. Sie stammen aus einer anderen Welt, von einem Ort, der keinerlei Einschränkung kennt. Sie sind alt und stark und werden dir deinen Weg erleichtern – deinen Weg zu deinem wahren Selbst, das in dir ruht und nur darauf wartet, von dir entdeckt und geweckt zu werden.

Alles, was du dazu brauchst, trägst du bereits in dir! Du hast es mitbekommen auf deine irdische Reise. Es genügt, dich an all dies zu erinnern. Und wenn dein wahres Selbst erwacht ist, wirst du darüber lachen, wie mühelos der Weg genau genommen gewesen ist. Der Schlüssel ist Resonanz, und du hältst ihn in deinen Händen – schon die ganze Zeit! Lasse dir von mir beim Erinnern helfen, lasse dir Werkzeuge an die Hand geben, mit denen du leichten Herzens arbeiten kannst, und lasse mich ein wenig meiner Erfahrung mit dir teilen. Gemeinsam bereisen wir Tinatlán, die energetische und spirituelle Hauptstadt von Tierra Santa, einer Welt jenseits der unseren. Es ist die Welt meines Lehrers Don Esteban, und es sind seine Wege, die er mir und dir anbietet. Sie führen uns in diese Stadt und deren innere Kreise. Dort liegt alles Wissen, das du brauchst, um zu dir selbst zu finden. Dort findest du deine Urstrukturen, dein wahres Selbst.

Tierra Santa, die Welt Don Estebans, ist keine Fantasie, sie ist schamanische Realität. Wer den Weg auf sich nimmt und die Techniken beherrscht, der kann diese Welt bereisen. Wer den Zugang gefunden hat, der tritt in Resonanz mit jenen kraftvollen Objekten, die in Tinatlán gehütet werden. Dies geschieht seit Jahrtausenden immer und immer wieder. Hier laufen alle Wege in einem kraftvollen Zentrum zusammen, aus dem wir Wissen, Liebe und Kraft, Gesundheit und reines Sein schöpfen dürfen.

Also beginnen wir unsere Reise. Schritt für Schritt – ohne Hast, aber voller Neugierde und freudiger Erwartung auf das, was kommt. Die Welt braucht Menschen wie dich! Menschen, die sich auf die Suche begeben und die nicht ruhen, bis sie finden, wonach sie suchen. Sie braucht Kraft, Klarheit und Menschen, die sie bewegen, ungeachtet dessen, dass sie zunächst eine Brücke bauen müssen zwischen dem, was sie ahnen, und dem, was ist.

Erinnere dich, und werde zu deinem wahren Selbst! Die Zeit des Wartens ist vorüber, es ist an der Zeit, zu handeln!

Georg O. Gschwandler
Grieselstein 2014

» Alles lebt, ist in ständiger Veränderung, gebiert sich neu, ohne Anfang und ohne Ende, dem Gesetz der Resonanz und der Weisheit eines großen Schöpfergeistes folgend.«

Eine der Urstrukturen.

Einführung

»Den Weg, den du gehst,
bist du bereits gegangen,
aber als du angekommen bist,
hast du alles vergessen!«

Obwohl die Techniken in diesem Buch einfach zu praktizieren sind, so stellte sich das Schreiben des Buches zunächst als wirklich schwierig heraus. Don Estaban hatte mich zwar nach Tinatlán gebracht, einen mystischen Ort in Tierra Santa, und mir dort Zugang zu den Urstrukturen der Menschen verschafft, aber wie sollte ich eine Art Brücke finden, etwas Verbindendes, ein Werkzeug, das auch anderen diesen Zugang ermöglicht? Don Esteban, mein Mentor und Lehrer, der Hüter dieser Welt und ihrer Geheimnisse, war mir da zunächst keine wirkliche Hilfe. Er hatte es offenbar darauf angelegt, dass ich selbst lernen und eine Lösung finden sollte. Ich wusste bereits von dem, was ich »Urstrukturen« nenne, jene energetischen Gebilde unendlicher Kraft, die wir in uns tragen und die unser Selbst, unsere Persönlichkeit bilden.
Dennoch tat ich mich zunächst schwer, das, was er mich lehrte, mit Schamanismus in Verbindung zu bringen. Es dauerte, bis ich den Zusammenhang begriff. Aber als dies geschah, verstand ich plötzlich Dinge, die mir meine Lehrer in Lateinamerika schon vor Jahren näherzubringen versucht hatten.

Damals waren sie an meiner eingeschränkten Sichtweise gescheitert, jetzt, um viele Erfahrungen reicher, verstand ich mehr und ahnte die Möglichkeiten in dem, was Don Esteban mir erklärte. Er sprach von den Urstrukturen auf ähnlich physische Weise, wie schon andere Schamanen mich über die Existenz von Krafttieren und anderen Wesenheiten aufgeklärt hatten. Sie bestanden darauf, dass es wirkliche Wesen seien. Sie beharrten darauf, dass sie quasi physisch und real seien und keine Konstrukte unseres Geistes! Dieses Wissen entsprang ihrer Erfahrung und duldete keinerlei Zweifel.
Die Urstrukturen in uns sind ebenfalls eine solche Realität, nur dass wir meist im Außen suchen und das, woraus wir gemacht sind, nicht beachten. Diese Strukturen sind also nichts »Vorgestelltes«, sondern so real wie die Zellen, aus denen dein Körper besteht.
In Tinatlán konnte ich in den Tempeln der Stadt diese Strukturen nicht nur sehen, sondern fand sie als physische Objekte vor – jedes in einem eigenen Raum mit unverwechselbarer Qualität, strahlend und mit derselben Struktur in mir verbunden, in Resonanz tretend. In der alltäglichen Welt aber, jenseits von Tierra Santa, fand ich zunächst nichts Vergleichbares. Ich suchte Monate, allein, was ich fand, war ein enttäuschendes Vakuum. Eines Tages geriet ich »durch Zufall« mit den Platonischen Körpern[1] in Kontakt. Ich sprach mit Jeanne Ruland, Nassim Haramein, Christian Walch und anderen Menschen mit Weitblick. Sie waren die Schlüssel zu einer Erkenntnis ungeheuren Ausmaßes. Ich studierte nun Dinge, die ich bis dahin maximal vom Hörensagen gekannt hatte, vertiefte mich in eine Welt, die aus nackten Zahlen und Heiliger Geometrie bestand, und fand das Vakuum mit einem Mal gefüllt mit dem, was ich so dringend brauchte: einer direkten Verbindung zu den Urstrukturen und einer Möglichkeit, diese Wege anderen

sichtbar zu machen! Es kam schließlich einer Erleuchtung gleich, als ich die Form des Ikosaeders[2] in den Urstrukturen Tinatláns, ja selbst im Aufbau der Stadt entdeckte. Nun galt es, nach einer Möglichkeit Ausschau zu halten, die Urstrukturen, wie sie in den Tempeln Tinatláns verborgen waren, in der alltäglichen Welt mit all ihren Einschränkungen nachzubauen. Die Komplexität der Strukturen schloss eine Umsetzung als Objekt absolut aus. Aber ich brauchte eine Umsetzung, die es letztlich jedem, der gewillt war, möglich machen würde, direkt mit diesen Strukturen in Resonanz zu gehen. Sie sollten wie eine Stimmgabel funktionieren, um die Urstrukturen Tinatláns, die in jedem von uns in einem ganz bestimmten Verhältnis zueinander vorkommen, in Resonanz zu bringen, sie zu wecken. Jeder Mensch trägt die gesamte Evolution in sich, auch Strukturen wie z. B. den Heiler, den Jäger, pflanzliche und animalische Strukturen, sogar die Heilige Geometrie und die daraus entstehende absolute Harmonie. Mein erklärtes Ziel war es, die Strukturen in Tinatlán zu studieren, ein Modell anzufertigen und dieses Modell als Werkzeug all jenen Menschen zur Verfügung zu stellen, die sich nicht weiter mit der Beschränktheit, an die sie sich gewöhnt hatten, zufriedengeben wollten. Wieder begann eine Suche, und schließlich fand ich die Lösung in dreidimensionalen Fraktalen[3], alle gebaut auf derselben Struktur des Ikosaeders, dem Goldenen Schnitt, einer sozusagen heiligen, geometrischen Konstanten. Nächtelang bereiste ich Tinatlán, und am Tage erforschte ich die Urstrukturen in mir. Dies alles mit einem Terminkalender voller Vorträge, Seminare und Einzelbehandlungen. Die Belastung war erheblich, aber ich wollte nicht aufgeben. Ich suchte, verirrte mich und fand am Ende doch eine Lösung: Es gelang mir nach etlichen Fehlversuchen, diese Strukturen am Computer zu erzeugen. Jedes dieser Bilder überprüfte ich, ging mit ihm wieder und wieder in Resonanz, verglich es mit der originalen Urstruktur in Tinatlán und prüfte die Resonanz, die in mir entstand, wenn ich mich in dieses Bild hineinbegab. Die direkteste Form der Resonanz empfand ich, wenn ich die Bilder mit der Technik des schamanischen Reisens »besuchte«. Aber auch schon der rein visuelle Kontakt, wieder und wieder gesucht, führte dazu, dass die Urstruktur in mir in Bewegung geriet, sich entwickelte, wuchs! Verblüffend war der Verlauf meiner Berechnungen und deren Ergebnisse. Entgegen meiner Natur verbrachte ich unzählige Stunden mit tränenden Augen und verspanntem Nacken vor dem Computer, während draußen der Tag in den Abend und der Sommer in einen feuchten Herbst überging.

Eines Tages saß eine Krähe vor dem Fenster. Sie fixierte mich herausfordernd mit einem Auge, so, als wollte sie mir sagen: »Na los, zeig, was du kannst!« Ich begann nun damit, am Computer zunächst einfache geometrische Strukturen zu kreieren, gleich denen, wie ich sie in Tinatlán vorgefunden hatte. Dann errechnete ich aus diesen Strukturen weitere Fraktale und generierte sie am Computer – es entstand eine Art Eigendynamik, eine Evolution dieser Körper! Die Entwicklung begann bei reinen, kühlen, absolut geometrischen Formen, erstreckte sich über Gebilde, die seltsam organisch waren, und endete bei einer Struktur, die ich nur mehr als Fluidum oder reinen Geist bezeichnen möchte. In den Hunderten von Bildern, die ich so erzeugt hatte, fand ich schließlich 16 der wichtigsten Urstrukturen, wie ich sie in Tinatlán studiert hatte, wiedergegeben.

Eines Tages hatte ich jede Menge Ausdrucke möglicher Urstrukturen vor mir auf dem Küchentisch liegen. Gerade wollte ich sie dem Muster, dem Aufbau Tinatláns zuordnen, als unsere Nachbarin und liebe Freundin den Raum betrat. Kaum hatten wir einander begrüßt, »stürzte« sie sich fasziniert auf die noch ungeordneten Bilder und begann spontan, sie zu sortieren. Sie kommentierte ihre Empfindungen zu den einzelnen Strukturen. Meine Frau und ich waren verblüfft, weil unsere Freundin keinerlei Ahnung hatte, womit ich mich aktuell beschäftigte, und dennoch absolut korrekt sortierte und ihre Empfindungen ebenso exakt das widerspiegelten, was ich für mich herausgefunden hatte. Dieser Augenblick war fantastisch und bestätigte mir, dass ich auf dem richtigen Weg war. Ich hatte einen Zugang gefunden, der sogar Menschen einen Weg nach Tinatlán und zu den eigenen Urstrukturen eröffnete, die keine Ahnung von dem hatten, worum es mir ging. Ich freute mich ehrlich, und von weit her hörte ich Don Estebans unvergleichliches Lachen, wenn er mich wieder einmal, durch eigene Arbeit, einer wichtigen Erkenntnis nähergebracht hatte.
Nun brauchte es nur noch einen Rahmen, ein Buch, eine Anleitung, wie jeder diese Strukturen einsetzen kann, um zu dem zu werden, was er von Natur aus ist. In diesem Buch will ich nichts vorenthalten. Du sollst verstehen, wie alles zueinanderkam. Du sollst den Weg, den ich gegangen bin, miterleben, denn nur so wirst du verstehen, dass alles bereits in dir ist und dass allein die Tatsache deiner Existenz etwas absolut Wunderbares und Einzigartiges ist. Alles, was du lernen wirst, ist einfach, direkt und ohne große Mühe erfahrbar. Diese Mühen habe ich schon auf mich genommen, als ich die Strukturen erforschte und sie dir zugänglich machte – du brauchst nur mehr das anzunehmen, was ich dir hier gebe.

Sei dir aber bewusst, dass sich alles verändern wird, dass der Jäger, der positive Krieger in dir erwachen wird. Auch die vier Elemente, Feuer, Erde, Wasser und Luft, werden von einer Idee oder einem Symbol zu einer echten Erfahrung! Du trägst sie dann in dir, bewusst und absolut. Du musst wissen, dass deine Kraft unendlich und dies ein Zugang ist, diese Kraft nutzbar zu machen. Nichts in diesem Buch musst du glauben, weil alles direkt erfahrbar ist, nicht weil ich es sage oder will, sondern weil es um das Naturgesetz der Resonanz geht. Du wirst zu deinem Selbst, und dieses Selbst strahlt weit hinaus, berührt und verändert die Kreise deiner engsten Beziehungen ebenso wie alles, was danach kommt. Genau genommen veränderst du die Welt, und die Zeit wird keine Macht mehr über dich haben! Du wirst in allem sein, im Sandkorn und im Strand, im Ozean und im Horizont, und du wirst Tinatlán sein, so, wie Tinatlán du ist. Du wirst wieder heil werden und die Wörter werden keine Wörter mehr sein!

[1] Als Platonische Körper werden in der Geometrie vollkommen regelmäßige Körper, deren Seitenflächen Vielecke bilden, bezeichnet.

[2] Der Ikosaeder ist ein platonischer Körper, der von 20 gleichseitigen Dreiecken begrenzt und nach Platon dem Element Wasser zugeordnet wird.

[3] Fraktal: Eine Wiederholung in sich selbst, z. B. Objekte, die aus unzähligen kleineren Kopien ihrer selbst bestehen. Es ist ein vom Mathematiker Benoît Mandelbrot geprägter Begriff (lateinisch ›fractus‹ [gebrochen], von lateinisch ›frangere‹ [in Stücke zerbrechen]), der bestimmte natürliche oder künstliche Gebilde oder geometrische Muster bezeichnet. (Quelle: Wikipedia, Stand: 24.03.2014)

Der erste Blick

»Nichts, was du mit deinen Augen suchst, wirst du jemals wirklich finden. Du jagst nur deinen Vorstellungen und Bildern hinterher. Das, was sich wirklich zu finden lohnt, ist immer neu, ist immer unvorstellbar und nur mit dem Herzen zu finden. Das ist die ganze Wahrheit.«

Die Stadt lag glitzernd zu unseren Füßen, wie ein Trugbild, wie eine schillernde Fata Morgana. Don Esteban hatte mich wieder zu sich geholt. Ich kannte diese Reisen bereits und hatte mich daran gewöhnt, mich abends in mein Bett zu legen und mich irgendwann unter gleißendem Sonnenschein, mitten in einer Wüste wiederzufinden. Ich kannte die organische Realität dieser Begegnungen mit ihm gut. Dennoch war es jedes Mal ein kleiner Schock. Mit den Jahren waren diese Begegnungen dann aber doch zu einer Art Routine geworden, und ich hatte gelernt, mich in dieser, seiner Welt zu bewegen. Ich kannte die Hindernisse, die Anstrengungen und hatte sogar begonnen, eine Landkarte von Tierra Santa zu erstellen. Don Esteban kündigte seine Reisen mit mir niemals an. Aber ich hatte gelernt, immer darauf vorbereitet zu sein. Mit der Zeit schätzte ich diese anstrengenden Erfahrungen und lernte viel über mich, über meinen Freund und Lehrer, über die ungenutzten Möglichkeiten des Menschen und die Zugänge zum wahren Selbst. Don Esteban hatte mich Techniken gelehrt, die einfach, aber effektiv waren, und mir erlaubt, diese in meinen Büchern zu veröffentlichen und anderen Menschen in Seminaren weiterzugeben. Er hatte mir beigebracht, meinen Energiekörper zu trainieren, und in langen Gesprächen ein echtes Verständnis für die übergeordneten Zusammenhänge in mir geschaffen. In unregelmäßigen Abständen brachte er mich nach Tierra Santa und war mir dort helfender Freund, stiller Vertrauter, aber auch unnachgiebiger Lehrer und strenger Prüfer. Dann zog er sich wieder zurück. Über Wochen hörte ich nichts von ihm. Ich versuchte, Tierra Santa auf eigene Faust, mithilfe des schamanischen Reisens zu erreichen – aber ohne Erfolg. Noch schien dieser Zeitpunkt nicht gekommen. Das war die Zeit, das Erlernte zu vertiefen und anzuwenden. So hatte ich gelernt, nichts zu erzwingen, die Dinge einfach geschehen zu lassen und meinem Lehrer zu vertrauen.

Mein Freund und Lehrer Don Esteban war nicht aus meiner Welt. Er war kein Mensch, sondern ein Wesen aus uralter Zeit. Er hatte der Zeit und dem Tod getrotzt und war zu einem Wanderer zwischen seiner Welt, Tierra Santa, und der meinen geworden. Nun war ich wieder in der seinen. Er hatte mich zu sich geholt und wollte mir etwas zeigen, von dem er behauptete, dass es alles, was ich wusste und bisher erfahren hatte, auf den Kopf stellen würde. Ich war gespannt und unruhig, weil ich ahnte, dass er recht behalten würde. »Alles wird sich ändern, wenn ich dich wieder zu mir hole!«, hatte er mir bei unserem letzten Treffen prophezeit. Nun war der Moment der Wahrheit gekommen, und mein Herz schlug

schnell, vor Freude aber auch vor Angst. Nach Monaten des Schweigens waren seine Worte nun eine Wohltat für mich. So viel war geschehen, und ich fühlte, dass etwas Neues, etwas Großes auf mich zukam, das ich allerdings noch kaum in Worte fassen konnte. Es gab so viel Ungeklärtes, und ich hoffte darauf, dass er viele meiner Erkenntnisse bestätigen würde.
Gerade wollte ich zu einer Frage ansetzen, als er sich mir zuwandte, den Hut tief ins zerfurchte Gesicht gezogen, die Stimme aus Sand und Leder. »Du warst schon einmal hier, aber du kannst dich nicht daran erinnern. Es war vor deiner Zeit als Mensch, damals war dein Geist noch frei von aller Interpretation.« Ich war verblüfft über diese Aussage und versuchte, mich zu erinnern. Außer den Bildern meiner unmittelbaren Vergangenheit fand ich jedoch nichts. Wir befanden uns auf einem gewaltigen Plateau. Die Landschaft schien mir seltsam vertraut. Ich hatte ähnliche Gegenden auf meinen Reisen zusammen mit meiner Frau Heidi in Mexiko besucht. Das war nun schon einige Jahre her, doch seitdem hatte sich mein Leben völlig verändert. Damals war ich in einer ähnlichen Landschaft zum Curandero geweiht worden. Der tiefe Einblick in die energetischen und spirituellen Zusammenhänge von Heilung und Entwicklung, den mir die traditionellen Heiler gewährt hatten, hatte meine Sichtweise auf alles, was ich bis dahin zu wissen geglaubt hatte, nachhaltig verändert. Mehr und mehr waren lose Fäden geknüpft und zugleich neue Türen geöffnet worden.

Don Esteban setzte sich auf einen kahlen Felsen, den Blick immer noch auf die Stadt zu unseren Füßen gerichtet. Die

Sonne brannte heiß von einem übernatürlich blauen Himmel auf uns herab. »Das ist Tinatlán«, fuhr er fort. »Hier kommt alles zueinander, hier schließt sich vielleicht dein erster Kreis, mein Freund!« Ich wusste nicht, was er meinte, aber seine Stimme erzeugte ein Gefühl des Angekommenseins in mir. Beide schwiegen wir.
Tinatlán war gewaltig. Die Stadt erinnerte mich an eine absolut symmetrische Festung. Ich konnte die umlaufenden Mauern erkennen, gewaltige weiße Blöcke, die sich vermutlich nahtlos ineinanderfügten. Alles war reine Symmetrie. Die Stadt schien mir von hier oben aus betrachtet absolut, geometrisch, zentriert und stark. »Lebt jemand in dieser Stadt?«, flüsterte ich in Richtung meines Lehrers. Don Esteban antwortete mit seinem unvergleichlichen Lachen. »Es ist die Stadt selbst, die lebt. Sie atmet, sie hat ein Herz, ihre Wege sind wie Adern, in ihnen fließt reine Energie. Sie ist wie du, nur klarer und in absoluter Harmonie. Sie hat ein Bewusstsein, und sie weiß, dass du da bist.« Ich fühlte mich angezogen, wollte die Stadt erkunden, sie sehen und fühlen. »Wann gehen wir hinunter, Don Esteban?«, fragte ich voller kindischer Ungeduld. Er wandte sich mir zu und meinte milde lächelnd: »Sobald du deinen Weg hineingefunden hast, nicht früher und nicht später.« Ich blickte suchend auf die Stadt. Im Zentrum konnte ich Strukturen erkennen, die mich an mexikanische Tempel und Pyramiden erinnerten. Irgendwo musste es doch einen Zugang, ein Haupttor oder Ähnliches geben. »Ich sehe keine Wege. Don Esteban, wie soll ich da einen auswählen?!« Er erhob sich und blickte mich vorwurfsvoll an: »Sicher nicht, indem du deinen Augen den Vorzug vor deinem Herzen gibst.« Er trat einige Schritte zurück und drehte sich wie tanzend einmal um die eigene Achse. Mit einem Schlag erlosch die heiße Sonne über mir. Die Wüste, die Stadt, Tierra Santa

und Don Esteban zogen sich zurück. Das Bild zersplitterte. Ich fühlte einen leisen Schmerz, weil ich doch bleiben wollte und mehr noch, weil ich ahnte, dass ich versagt hatte. Etwas zog an mir, mein Energiekörper schrumpfte und verbrauchte sich pulsierend im Versuch, sich an das Bild von Don Esteban und Tinatlán zu klammern. Letzte leuchtende Fäden aus Aufmerksamkeit lösten sich von der Welt Don Estebans. Ich fiel zurück in die Zeit und in meine alltägliche Welt. Dann erwachte ich in meinem Bett. Draußen fiel Regen. Es war Nacht. Neben mir hörte ich die tiefen Atemzüge meiner schlafenden Frau. Ich war zurück.

Die Pforte

Die letzte Begegnung mit Don Esteban hatte mich verunsichert und zugleich verwirrt. Da lag diese wunderbare Stadt, dieses Zentrum allen Seins vor uns, und er verbot mir, sie zu betreten und zu erforschen. Sein Hinweis, dass Tinatlán auch in mir sei, empfand ich als nicht wirklich hilfreich. Dazu noch der Auftrag, selbst einen »Zugang« oder »Weg« zu finden, wo ich die Stadt doch nicht selbstständig aufsuchen konnte! Ich dachte nach, lange und angestrengt, aber meine Gedanken drehten sich im Kreise. Selbst meine Krafttiere, meine Verbündeten in der schamanischen Welt, hielten sich bedeckt. Es lag offensichtlich an mir selbst. Eine neue Prüfung, an der ich zu scheitern drohte. Ich versuchte mich über Wochen darin, Tierra Santa mit der Technik des schamanischen Reisens aufzusuchen, fand aber nichts als eine leere Wüste. Don Esteban blieb irgendwo im Dunkel und reagierte nicht auf meine Versuche, mit ihm in Kontakt zu treten. Letztlich war es ein Erlebnis in einer Schwitzhütte, das mir die Augen und den Weg nach Tinatlán öffnete.

Ich hatte mich schon früher mit den grundlegenden Strukturen des Menschen – mit den Urstrukturen, wie ich sie nenne – beschäftigt. Don Esteban hatte einmal versucht, mir dieses Prinzip als unterschiedlich große Gefäße, die mehr oder weniger mit Energie gefüllt, also bewusst erfahren werden, zu erklären. Diese Erklärung fand ich einfach und schlüssig. Daraus ergab sich auch mein Verständnis, dass die Summe dieser Gefäße unsere Persönlichkeit darstellt und die Menge an Energie, die in ihnen gespeichert ist, für die Summe unserer Lebensenergie steht. Aber es liegt weit mehr an Erkenntnis in diesem einfachen Beispiel: Alle Evolutionsschritte des Menschen, die Elemente, sogar der Urknall und die Heilige Geometrie sind in unserem System auf ewig gespeichert!

Die Frage ist, ob wir uns dieser Strukturen überhaupt bewusst sind, und ob sie frei von Prägungen in Resonanz treten können. Eine Überprägung kann sich negativ bemerkbar machen, indem sie uns davon abhält, ganz wir selbst zu sein. Es entstehen Widerstände in uns, obwohl ein inneres Wissen uns dazu drängt, mit dieser oder jener Urstruktur in Resonanz zu gehen. Und es können bedenkliche Missverständnisse entstehen! Ein Mensch z.B, dessen Urstruktur Feuer entsprechend groß angelegt ist, wird sich zum Feuer hingezogen fühlen. Vielleicht wird er sogar Feuerwehrmann. Der Beruf Feuerwehrmann ist aber nur eine Prägung, ein enger Rahmen. Das Verhängnis nimmt seinen Lauf, da die Urstruktur des Feuers ja gelebt sein will, der Feuerwehrmann aber das Feuer löscht – er wendet sich so gegen die Urstruktur. Er gerät in einen argen Zwiespalt, den er im schlimmsten Falle so löst, indem er selbst das Feuer legt. Oder ein Mensch, dessen Sammlerstruktur gut ausgebaut, aber mit einer »Mangelprägung« überprägt ist, wird schlichtweg zum »Messie«. Die

Kriegerin, behaftet mit einer störenden Prägung, mutiert zur Furie, oder aber, befreit von einer Prägung, zur starken Frau, gut abgegrenzt, sich für andere einsetzend, liebevoll und nie brutal. Das Verhältnis der Gefäße zueinander bleibt stets dasselbe, aber die Ausbaufähigkeit ist nach oben hin grenzenlos. Eine solche Erkenntnis ist von enormer Tragweite und sprengt unseren Blick auf eine »begrenzte« Entwicklungsfähigkeit. Diese Sicht der Dinge führt uns tief in ein Verständnis von Kraft und Energie. Sie führt bis in die Quantenphysik, bis in die Unendlichkeit von Raum und Zeit, in die Heilige Geometrie des Raumes und in die unendliche Energiemenge jedes Atoms, aus dem wir und alles andere bestehen.
Ich leitete während eines Ausbildungslehrganges eine Schwitzhütte. Wir versuchten, abgeschottet vom Außen und reduziert auf unser wahres Selbst, jenen Strukturen in uns zu begegnen, die vordringlich ausgebaut waren. Bei der Frau die Urstruktur »weiblich« beim Mann die Struktur »männlich«, den Krieger, Jäger und Sammler, die vier Elemente usw. Die glühenden Steine, das Zischen des Wassers, der Ton der Trommel. Alles zusammen erzeugte einen Raum aus Energie, ein Kraftfeld außerhalb der Zeit, frei von Vorstellung und Prägung. Unsere Urstrukturen erwachten, gerieten in Resonanz, erfüllten und strahlten aus uns und ließen uns erahnen, welche unendliche Kraft und welche zahllosen Möglichkeiten in jedem Teilnehmer lagen. Es war ein wunderbares Erlebnis, einer jener Wendepunkte im Leben, an dem wirkliche Selbsterfahrung zu einer positiven Veränderung führt. Als wir dampfend, gereinigt und neugeboren ins Freie traten, hatte ich Don Estebans Hinweis darauf, dass Tinatlán in jedem von uns läge, begriffen! Auch dass er mit »Weg« etwas meinte, was ohnehin schon in mir lag. Er bezog sich auf die am besten ausgebaute, die stärkste Struktur in mir.

Auch wenn ich alles in mir trage, wie jeder andere auch, stehen die Urstrukturen in einem individuellen, aber bestimmten Verhältnis zueinander. Dieses Verhältnis sorgt dafür, dass der Mensch, der die Urstruktur »Frau« als stärkste oder größte Struktur im System trägt, eben auch physisch als Frau in Erscheinung tritt. Alle Strukturen und deren Verhältnis zueinander bilden das, was wir als Persönlichkeit bezeichnen. Wenn diese Strukturen bewusst erfahren, also mit Energie versorgt und nicht überprägt sind, so ist auch unsere Persönlichkeit optimal ausgebaut, klar und strahlend rein. Es ist ein reines Sein, das sich daraus ergibt.

Ich hatte in jenem Moment begriffen, dass der Weg, der Eingang nach Tinatlán, nur über eine Urstruktur führen konnte, die in mir aktuell am meisten Energie innehatte. Ich erkannte, dass das, was mir zunächst abstrakt und beinahe künstlich erschienen war, in Wahrheit organisch war. Es entstand eine Art Brücke zwischen meinem schamanischen Tun und der Heiligen Geometrie. Und ich verstand, dass es gar nicht so schwierig ist, diese Struktur ausfindig zu machen, denn sie manifestiert sich im Leben, tritt mit dem Umfeld in Resonanz. Sie zeigt sich schlicht und ergreifend in dem, was wir tun, was uns anzieht, fasziniert, anspricht.

Nun, was aber tat ich? Womit war mein Leben mehr als erfüllt, worum hatte sich immer alles gedreht? Ich war in Ecuador, wie es mir schien vor einer ganzen Ewigkeit, tief im Regenwald von einem Schamanen der Shuar-Indianer zum Schamanen initiiert worden. In Mexiko hatte ich die Einweihung zum Curandero erfahren. Beide Begriffe hatte ich abgelegt, weil sie in unseren Breiten mehr Verwirrung stifteten, als das sie etwas erklärten, weil sie abgenutzt und überdehnt waren – ungeeignet, das zu beschreiben, was mir widerfahren war. Ich blieb dennoch Schamane, Curandero, blieb Heiler, selbst wenn es anderen, wahlweise aus Neid oder Unverstand, nicht schmeckte. Es war und ist meine Natur! Und ich bin ein Mann. Also mussten die zwei am stärksten resonierenden Urstrukturen in mir »der Heiler« und »männlich« sein. Für mich war diese Erkenntnis wichtig, so wichtig, dass sich allein dadurch manches änderte. Es war kein gewöhnliches »Verstehen«, sondern eine beinahe physische Sensation, die ich heute als ein erstes, zaghaftes In-Schwingung-Geraten meiner Urstrukturen deute. Mein Ziel war, diesen beiden Strukturen in mir noch mehr Energie zuzuführen! Es war der Eingang, der erste Dominostein, der alle anderen in Bewegung bringen sollte. Ich brannte darauf, Don Esteban meine neue Erkenntnis zu präsentieren, und da ich wusste, dass er mich beobachtete, war ich mir sicher, dass es bald die Gelegenheit dazu geben würde.

Alles braucht ein Fundament

»Vergiss nie, dass alles einen Anfang hat, eine Basis, ein Fundament, auf dem selbst das aufbaut, was du als Wunder oder Universum bezeichnest!«

Feiner, kristalliner Sand, wie gemahlenes Glas. Ich fühlte ihn unter meinen Händen. Über mir ein orangeroter Himmel, keine Wolken. »Bist du langsam wach?«, es war Don Esteban, der mich endlich wieder in seine Welt geholt hatte. Mühsam richtete ich mich auf. »Mach es dir nicht zu bequem, wir haben einiges vor!« Ich fühlte mich unsagbar schwer und müde. Das Aufstehen schien mir unmöglich. »Na gut, nimm dir noch etwas Zeit. Du bist geschwächt, weil du zu viel nachdenkst, aber für heute wird deine Kraft schon reichen.« Dankbar für den Aufschub sank ich zurück. »Wo sind wir Don Esteban?«, fragte ich in die Hitze. Er lachte schallend. »Na, was glaubst du? Wenn du ein wenig zurückrutschst, kannst du dich bequem anlehnen und noch etwas verschnaufen.« Ich tat, wie mir geheißen, und fühlte eine Wand in meinem Rücken. Heiß, von der Sonne. Die Mauer schien in einer tiefen Frequenz zu vibrieren. Ich erschrak und sprang auf. Mir war schwindelig, und ich stützte mich mit beiden Händen an der Mauer ab. Wieder diese Vibration! Sie drang durch meine Hände bis in mein Herz. Hinter mir applaudierte Don Esteban. »Na, immerhin hast du jetzt mal was wirklich Großes gefunden!«, er lachte trocken. Ich wusste, dass er es nicht böse meinte, und verkniff mir eine Antwort, die er sicher entsprechend quittiert hätte. Langsam trat ich zurück und fand mich vor einer gigantischen Mauer wieder. Sie war fast weiß, aber strahlte in einem seltsamen, gelblichen Licht. Sie nahm das Sonnenlicht auf, trank es förmlich und gab es gewandelt wieder ab. Weder links noch rechts konnte ich ein Ende erblicken, und als ich vorsichtig und noch etwas benommen den Kopf hob, wurde ich mir der Endlosigkeit dieses Gebildes bewusst.

Wieder legte ich die Hände an die Mauer und spürte dasselbe beinahe elektrische Vibrieren wie zuvor. Es drang sanft in mich, zog mich an, lockte mich und schien etwas von mir zu wollen – wie ein Flüstern in einer seltsam vertrauten und doch fremden Sprache. Die Mauer war aus gigantischen Quadern zusammengefügt. Kein Haar passte in die Fugen. Sie war absolut perfekt und aus einem seltsamen Material, das mir unbekannt war. Es war rau, hatte kleine Poren, schien unglaublich leicht und trotzdem stabil zu sein. Wenn ich mit meiner Hand darüberstrich, änderte die Wand ihre Vibration. Sie folgte mir, reagierte, trat mit mir in Resonanz, so, wie ich es mit ihr tat. Sie schien sich mir entgegen zu bewegen, schmeichelte meinen Handflächen und passte sich an meinen Herzschlag und meine Atmung an.

Mich überkam eine Mischung aus Angst und Faszination. Ich empfand es als ein Nach-Hause-Kommen, ganz so, als ob eine unendlich lange Reise ihr Ende gefunden hatte und ich angekommen war. Ich verlor mich im sonoren Summen und fand mich in den nun wechselnden Frequenzen wieder. Ich entdeckte seltsame Muster in den Quadern, Spiralen, symmetrische Körper, feine Netze aus metallenen Fäden bis hin zu organischen Strukturen, die sich mir seltsam entgegenwölbten.

Die Wand lebte mit einem Mal und begann, mich zu atmen. Ich kam ihr entgegen, fühlte unendliches Glück, gab mich ihr hin und wollte mit ihr eins sein. Da war keine Angst, kein Zögern, nichts Bedrohliches, nur Glück.
Silberne Fäden wuchsen aus der Mauer und legten sich sanft wie die zarten Triebe einer Pflanze um meine Finger und Handgelenke. Die Wand zog an mir. Sie flüsterte in einer Sprache, die reine Energie war. Ich fühlte mich weich. Dann, einem Impuls folgend, legte ich meine Stirn an sie und fand dort meine eigene Wärme und meine Gedanken wieder. Es war, als tauchte ich in mich selbst ein! Ich war auf dem Weg zu einem sehr alten Ich, das ich einst gewesen war. Dieses Ich sprach mit mir, ohne dass ich es verstand. Dann schien die Wand sich zu verflüssigen. Ich war fasziniert von dem Anblick. Eine ölige Flüssigkeit trat blau schillernd aus den Poren. Gerade als ich sie berühren wollte, traf mich ein harter Schlag zwischen den Schulterblättern. Ich prallte mit aller Wucht zuerst gegen die Wand, die nun wieder hart wie Stein war, und fand mich einen Lidschlag später nach Atem ringend im heißen Wüstensand wieder. »Du bist wie alle anderen!«, maulte Don Esteban vor sich hin. »Ihr verliert euch immer im Außen. Reiß dich zusammen! Es ist nur eine Wand. Sie ist nur die Grenze zwischen deinem Ego und deinem wahren Selbst. Sie ist nur die Oberfläche, unter die du gelangen musst.« Don Esteban hatte recht. Wie schnell ich mich oft verlor, wie leicht ich mich ablenken ließ! Er ging mit raschen Schritten an der Mauer entlang. Ich rappelte mich auf und beeilte mich, ihm zu folgen, darauf bedacht, die Mauer nicht mehr zu berühren. »Rapido!«, rief er, »schneller!« Ich wusste, dass er es ernst meinte, und versuchte, ihn einzuholen. »Achte auf deine Mitte!« Er lief schneller und schneller. Die Mauer zu meiner Linken wurde zu einem verschwommenen, flüsternden Band.

Ich bemühte mich trotz des Tempos, das er vorlegte, in meine Mitte zu atmen. »Erinnere dich daran, welche Erkenntnis du mir mitteilen wolltest. Aber behalte deine Erzählung um Gottes willen für dich, du redest ohnehin zu viel.« Er lachte. Ich lief mit geschlossenen Augen weiter. Mann sein, Heiler sein, meine Urstruktur ist der Heiler! Ich erinnerte mich und bemühte mich weiterhin redlich, mit Don Esteban Schritt zu halten. Endlich hielt er an. Beinahe wäre ich auf ihn geprallt, hätte er nicht einen Schritt zur Seite getan. Ich lief ins Leere und stürzte in den heißen Sand. Sein Lachen war ohne Spott, also lachte ich mit und rappelte mich wieder auf.

»Wenn du mich etwas fragen willst, wäre jetzt die Gelegenheit dazu.« Don Estaban sah mit ernstem Blick zu mir und wandte sich in Richtung Mauer. Ich folgte seinem Blick. Erst da sah ich das Portal. Es erinnerte mich an ägyptische Tempel, aber ebenso an Anlagen in Mexiko. Riesige Säulen standen links und rechts und trugen einen gigantischen Block aus irgendeinem metallisch schimmernden Material. Der Eingang maß vielleicht nur einen Meter in der Breite, aber seine Höhe war gigantisch. Ein Schnitt in der Mauer, der irgendwo im nun abendlichen Himmel begann und genau vor meinen Füßen endete. Sieben vom Sand teilweise verwehte Stufen führten hinauf zum Eingang. Dahinter lag Tinatlán. Ich war sprachlos, und all die Fragen, die ich mir für diesen Moment aufgespart hatte, waren mit einem Schlag vergessen.

»Es hat lange gedauert, dich so weit zu bringen. Unser erster Kontakt im Mexiko City deiner Welt, all unsere Treffen in Tierra Santa, alles, was ich dir an Wissen und Technik gegeben habe, diente nur diesem einen Zweck: dich nach Tinatlán, zu dir selbst zu führen.« Ich hatte mich einigermaßen gefangen. »Was soll ich nun tun, Don Esteban?« Er drehte sich zu mir und lächelte milde. »Na, ich würde es an deiner Stelle mit

Hineingehen versuchen. Aber sei dir bewusst, dass sich alles für dich ändern wird.« Ich nickte und stellte mich neben ihn, bereit, die Stadt zu erforschen. Aber mein Lehrer hielt mich zurück. »Lasse dir Zeit! Beginne ganz am Anfang. Suche zuerst deine erste Urstruktur. Gehe dabei wie ein Wissenschaftler vor! Lasse nicht zu, dass deine Emotion dich leitet. Sei achtsam, und gehe einen Schritt nach dem nächsten. Renne nicht, aber zögere auch nicht. Verliere dich nicht, aber lasse dich zugleich führen. Baue an deinem Fundament. Das ist alles, was ich dir sagen kann. Ach ja, halte dich von den Wänden fern!« Ich nickte stumm und war mir der Wichtigkeit seiner Worte bewusst. »Gehst du mit mir, Don Esteban?«, fragte ich, die Antwort bereits ahnend. »Siehst du die sieben Stufen dort?« Ich nickte. »Ich gehe mit dir bis zur obersten. Ich gehe nicht mit dir durch dieses Tor nach Tinatlán, weil es deine Stadt ist, weil es dein Selbst ist, in das du gehst, und da haben alte Zauberer wie ich nichts verloren.« Ich verstand, was er meinte. »Wann gehen wir los?«, fragte ich voller brennender Ungeduld, in den Gedanken schon wieder weit entfernt vom Hier und Jetzt. Don Esteban blickte mir tief in die Augen und lächelte verschmitzt. »Wenn du eine Nacht darüber geschlafen hast, mein Freund, und deine Neugierde nicht mehr die eines überdrehten Kindes ist!« Tinatlán und die Wüste verschwanden in einem winzigen Punkt. Die Nacht hatte ich zurück und einen Schlaf, der mir keine Träume schenkte.

Am nächsten Tag machte ich mich auf, mir eine Basis, ein Fundament zu schaffen. Diese Basis ist auch die deine, denn

sie wird auch dir den richtigen Zugang zu Tinatlán eröffnen. Es ist ganz in Ordnung, ein wenig Wissen im Gepäck zu haben. Ohne Wissen, ganz ohne Orientierung und Werkzeug läuft man Gefahr, sich im eigenen Wunschdenken zu verlieren. Tinatlán aber ist eine Realität, und die Urstrukturen, die dort vor Überprägung in ihrer ursprünglichsten Form bewahrt werden, sind reale Strukturen. Ebenso in Tinatlán wie in dir selbst! Sie sind keine »Möglichkeiten«, sondern ebenso real und echt wie deine Knochen, dein Fleisch, die Zellen, die Moleküle, die Atome, aus denen du bestehst, und deren Energiepotenzial unendlich groß ist!
Ich gebe dir ein paar Werkzeuge in die Hand, ebenso wie Don Esteban mir nützliche Hilfsmittel zur Seite stellte, damit ich meinen Weg zum eigenen Selbst gehen konnte. Manchen Weg kürze ich für dich ab und erspare dir jene Irrwege, die nur Zeit kosten, dabei aber dem eigenen Ego schmeicheln.

Um deinen Zugang nach Tinatlán zu finden, brauchst du zunächst ein Art Plan. Glaube mir, vertraue mir, ich habe mich zu oft verirrt! Es ist wie der Plan, den man benötigt, um eine Expedition erfolgreich an ihr Ziel und wieder zurückzuführen. Es wird einer Art Landkarte bedürfen, die dich in die Stadt führt, und es wird eine Beschreibung der Räume brauchen, in denen du auf deine Urstrukturen treffen wirst. Alle energetischen Techniken, die ich bereits im Buch »Tierra Santa« beschrieben habe, sind eine wichtige Unterstützung auf deinem Weg. All das und mehr gebe ich gern weiter. Im Bewusstsein, dass es mir gedient hat und auch anderen dienen soll, die sich aufmachen, die eigene Kraft, das eigene Sein zu erforschen, um am Ende der Reise ihr Selbst zu entdecken!

Bereite dich vor

*»Wenn du weder weißt,
wonach noch wo du suchen sollst,
dann weißt du verdammt
nochmal zu wenig, um jemals
irgendetwas zu finden.«*

Lagepläne und Zugänge

Du musst wissen, dass Tinatlán von einer gewaltigen, lebenden und auf alles reagierenden Mauer umgeben ist, die genau genommen aus deinem Ego besteht. Sie ist voll von deinen Emotionen, negativen Gefühlen, aber auch Hoffnungen, Wünschen und Vorstellungen, die nichts mit deinem wahren Selbst zu tun haben. Diese Mauer existiert, ist real und kann nicht einfach weggedacht werden. Es mag sein, dass deine Mauer eine andere Beschaffenheit als die meine hat, dass andere Strukturen in sie eingewebt sind, dass sie mehr Erlebnisse aus deiner Kindheit birgt oder aus den dornigen Erfahrungen deiner gescheiterten Beziehungen besteht. Sie stellt bestenfalls eine Schnittmenge deiner Wünsche und Prägungen dar. Wichtig ist, dass du begreifst, dass es eigentlich keine Rolle spielt, woraus sie besteht, wenn du nur einen Zugang, deinen Zugang in die Stadt findest. Für gewöhnlich verlieren wir uns in dieser Mauer. Wir kokettieren mit ihr, verfallen den Reizen unserer eigenen Gedankenwelt. Und selbst wenn diese Mauer nur aus Wünschen und Vorstellungen besteht, so hat sie doch Macht über uns, wenn wir ihr zu nahe kommen. Sie zu durchdringen ist ohne Chance – einen Zugang zu schaffen, ist die einzige Möglichkeit. Er erfolgt über deine stärkste Urstruktur! Wenn diese sich dir erschließt, öffnet sich ein Tor in der Mauer. Dies geschieht aufgrund der Resonanz mit der Urstruktur in deiner Erkenntnis. Ist diese Resonanz, dieses Schwingen stark genug, kommt die Mauer in Bewegung. Die Energie ist so stark, dass Wünsche, Hoffnungen, Traumata, Prägungen oder Vorstellungen zerschlagen werden. Was bleibt, ist ein reiner Raum, ein Übergang, der so ursprünglich und rein ist, wie du es einst warst und deine Urstrukturen es immer noch sind. So bildet sich ein Zugang, ein Portal, durch das du zu deiner stärkste Urstruktur in einem der Räume der Stadt geführt wirst. Dort begegnest du dieser Urstruktur. Du stehst ihr gegenüber. Diese Struktur ist rein, ohne Prägung, ursprünglich und kraftvoll. Mithilfe der Bilder in diesem Buch kannst du immer wieder diese Resonanz erzeugen und verstärken. Mit jedem Mal durchdringst du die Mauer, und so stärkst du diese Urstruktur in dir. Jedes Mal erhält sie mehr Energie. Prägungen lösen sich. So kann diese Urstruktur wieder ein wichtiger Teil deiner Persönlichkeit sein.

Tinatlán verfügt über 16 verschiedene Räume. Diese Räume beherbergen 16 verschiedene Urstrukturen. Von diesen Räumen führen 16 Wege zur Mauer der Stadt. An diesen Wegen entstehen bei entsprechender Resonanz die Zugänge oder Portale nach Tinatlán.
Das Zentrum der Stadt bildet »Die Mitte«. Ein Ort der höchsten energetischen Dichte, das wahre Selbst, die Quintessenz aller Urstrukturen, verbunden in einem Zustand reinen Seins. Aber

bedenke, dass alles seine Zeit braucht, dass es um Entwicklung und Veränderung, um stetes Wachstum und nicht um einen Wandel im Moment geht. Alles will erlernt und erfahren werden und ebendies macht diese Reise so unglaublich spannend.

*»Habe keine Angst davor,
Pläne zu schmieden, Landkarten zu
zeichnen oder dich von
anderen beraten zu lassen.
Am Ende bist es immer noch
du selbst, der handeln muss!«*

Die stärkste Struktur finden

Als Zugang benötigst du einen Schlüssel – die Resonanz, die stark genug ist, die Urstruktur in Tinatlán, also auch in dir selbst anzuregen. Diesen Schlüssel findest du meist über jene Dinge, die du gern tust, die dich ansprechen, faszinieren, beschäftigen usw. Wenn jemand z. B. nichts mehr liebt als das Wasser, Schwimmen oder gar Tauchen, kann man davon ausgehen, dass die Urstruktur »Wasser« der entsprechende Zugang nach Tinatlán ist. Jemand, der sich hingegen für Vulkane erwärmen kann, nichts lieber tut, als am offenen Feuer zu sitzen, oder als Hobby oder Beruf etwas »Feuriges« ausübt, dessen Zugang wird die Urstruktur »Feuer« sein. Ein anderer wiederum ist begeistert von Kampfsport, entweder aktiv oder als Zuschauer – und hätte dann die Urstruktur »Krieger«.

Vorbereitende Übung

Beobachte dich genau, und führe Buch über deine Interessen. Setze deine Erkenntnisse in Bezug zu den Urstrukturen. Bitte deine Freunde, dich zu beschreiben, und höre genau hin, welche Hinweise sie dir in Bezug auf deine Urstruktur geben. Achte auf deine Reaktionen, wenn du mit Symbolen oder Abwandlungen der Urstruktur in Berührung kommst. Notiere dir alles genau. Am Ende wirst du vielleicht parallele Strukturen entdecken. Sieh noch genauer hin, um zuletzt eine einzige Urstruktur herauszufiltern.

Hilfestellung

Arbeite mit Bildern und Symbolen, und achte dabei auf deine Gefühle. Nimm an Schwitzhütten teil. Baue deinen Energiekörper aus, um deine Wahrnehmung zu verbessern. Konkrete Übungen findest du dazu in meinem Buch »Tierra Santa«. Achte zudem auf deine Träume – die Urstruktur kann sich auch im Traum zeigen. Wenn du meinem Rat folgst und dich besser kennengelernt hast, sehen wir uns im nächsten Kapitel wieder. Nimm diese Vorbereitung ernst, und freue dich auf das, was noch vor uns liegt!

Der Übergang

»Ich kann dich nur zu der Pforte führen, nicht aber über die Schwelle, denn dies ist allein deine Entscheidung!«

Es war nicht viel Zeit vergangen, bis mich mein Lehrer wieder nach Tierra Santa holte. Mir schien es, als wäre ihm sehr daran gelegen, dass ich Tinatlán schnell erforschte. Ich wusste, dass auch er Pläne hatte, dass auch ihn etwas antrieb. Don Esteban hatte mich zu jenem Tor gebracht, das meiner vorrangigen Struktur gehörte. Von dort aus sollte seinen Angaben nach ein Pfad oder Weg zu jenem Raum Tinatláns führen, in dem sich die Urstruktur des Heilers befand. Sicher und unberührt von der Zeit und allem störenden Einfluss. Wie Jahrmillionen altes Wasser tief im Eis, in reinster Form. Ich war ruhiger als bei unserem letzten Treffen, das so rasch beendet worden war. Mein Herz schlug ruhig. Von irgendwoher konnte ich Don Estebans Stimme hören, die mir sanft meinen Auftrag ins Gedächtnis rief: »Sieh dir alles ganz genau an. Nimm dir alle Zeit der Welt. Studiere das, was du findest, und suche nach einer Möglichkeit, es in deine Welt zu bringen, damit auch andere, die nicht nach Tierra Santa finden, davon profitieren können. Es ist mein Geschenk an dich und es ist ein Geschenk, das du zuerst erlernen musst, um es zu schätzen.« Seine Worte berührten mich tief.

Ich schritt langsam nach oben, über die sieben Stufen. Don Esteban blieb als Schatten zurück. Dann stand ich am Portal. Nach einem tiefen Atemzug trat ich durch die Pforte. Das Licht veränderte sich, und ich erkannte, dass ich mich in einem unendlich großen Raum befand. Mir schien es, als befände ich mich am Rande eines gigantischen Würfels. Ordnung war in allem und ich fühlte mich sicher und ruhig. Ich atmete in meine Mitte, dehnte meinen Energiekörper aus und folgte einem schnurgeraden Pfad. Die Luft schmeckte metallisch. Alles war aus demselben Material wie die Mauer, die Tinatlán umschloss. Ich fühlte das Pulsieren der Stadt, die Resonanzen in mir, das Sich-Annähern an einen Punkt, der zugleich tief in mir selbst war. Vor mir konnte ich ein gewaltiges Gebäude ausmachen, das mich sehr an bestimmte Tempelanlagen in Mexiko erinnerte. Nur war hier alles wie neu, wie eben erst erschaffen, ohne die Zeichen einer alles zernagenden Zeit und vor allem ganz ohne Menschen. Ich zählte meine Schritte und gelangte nach 100 Schritten zu einem Eingang. Dieser war dem Portal, durch das ich in die Stadt gekommen war, ähnlich, allerdings voller symmetrischer Symbole, denen allesamt ein Ikosaeder zugrunde lag. Der Raum dahinter lag im Dunkeln. »Weiter, nur weiter«, hörte ich Don Esteban sagen. Seine Stimme war in mir und ich fühlte mich gut bei dem Gedanken, dass er auf diese Art bei mir war. Ich betrat den Raum über eine Schwelle, und wieder änderte sich das Licht. Ich fand mich in einer großen Halle wieder, deren Wände, Boden und Decke sanft leuchteten. Feine, in schwachem Blau schimmernde Linien durchzogen die nahtlos aneinandergefügten Blöcke. Sie bildeten Symbole und geometrische Figuren. Am Boden dasselbe Bild, ebenso an der Decke. Alles strebte einer Mitte zu, in absoluter Geometrie und Harmonie. Ich trat weiter in den Raum, und das Licht wurde heller und pulsierte

schwach im Rhythmus meines Herzens. Wieder hatte ich das Gefühl, ein Teil der Stadt, dieses Raums, der Wände und Decken zu sein. Ich versuchte, in meiner Mitte zu bleiben, weitete mein System, und das Gefühl ließ nach.
Ich ging weiter, gut 30 Schritte. Genau im Zentrum des seltsamen Tempels schwebte ein Gebilde, das mir vertraut und fremd zugleich war. Etwas in mir erinnerte sich an diese leuchtende Struktur, die groß wie ein Fußball in sanfter Drehung schwebte. Sie war nichts anderes als meine Urstruktur, »der Heiler«. Ich war fassungslos, weil ich so etwas nur aus gut gemachten Science-Fiction-Filmen kannte, aber zugleich wusste ich, dass dies kein Film war, keine Fantasie oder Wahnvorstellung. Zu oft schon hatte ich Tierra Santa besucht. Zu real war alles, als dass man es mit einem Traumbild hätte erklären können. Über diese Zweifel war ich seit Jahren hinweg. Und selbst die Zweifler im eigenen Umfeld waren, nachdem sie die Techniken, die aus dieser Welt stammten, erlernt und angewandt hatten, überzeugt und bereit, die Existenz Tierra Santas anzuerkennen.
Ich hatte meinen Zugang endlich gefunden und stand tief berührt vor dieser leuchtenden Struktur, die auch ich selbst war. Ich wagte es schließlich, sie zu berühren, sie zu drehen, in sie hineinzublicken! Sie schwebte und war gleichzeitig leicht und schwer. Noch nie hatte ich so etwas in meinen Händen gehalten, und mein Verstand versuchte noch lange und beharrlich, dieses »Ding« als etwas Bekanntes zu deuten. Ich fühlte, wie sich Schichten in meinem Energiekörper zu lösen begannen, wie Prägungen zu nichts wurden als dem Staub, aus dem die eigene Geschichte gewebt war. Meine Grundstruktur erwachte erneut, stark und klar, löste alle Zweifel auf und degradierte das, was man gemeinhin als »Krankheit« oder »traumatische Erfahrung« bezeichnet, zu einer bloßen

Episode in meinem Leben, die keinerlei Macht mehr über mich hatte. Ich stand dort und staunte gefühlte Jahrhunderte. Ich blickte weit zurück in meine Existenz, und weiter noch in eine Zeit, da alles reine Geometrie war, und erkannte, dass diese Geometrie auch jetzt noch galt – ja, immer gelten wird.

Ich nahm mir Zeit und besah mir diese Grundstruktur von allen Seiten, prägte mir jedes Detail ein, um später eine Entsprechung in der »realen Welt« zu finden. Mir wurde klar, dass dies kein leichtes Unterfangen sein würde, aber mir war auch bewusst, dass Don Esteban mich sicher nicht bis hierher gebracht hatte, nur um mich scheitern zu sehen. Und ich verstand, vielleicht zum ersten Mal, was es bedeuten würde, anderen Menschen, die offen und mutig waren, die Erfahrung der direkten Resonanz mit ihren Urstrukturen zu ermöglichen. Ich war mir sicher, dass es einen Weg geben musste. Und ich war mir bewusst, dass es zuerst galt, alle Urstrukturen zu untersuchen und ein einfaches System zu finden, sie anderen zugänglich zu machen. Wieder hörte ich Don Esteban, der beinahe sanft flüsterte: »Es gibt noch mehr zu sehen, bleib in Bewegung. Keine Angst, du kommst noch oft an diesen Ort.« Gegenüber dem Tor, von dem aus ich in den »Raum der Heilung« gekommen war, öffnete sich eine weitere Tür. Sie entließ mich auf einen riesigen rechteckigen Platz, in dessen Mitte ein gewaltiger Tempel stand. Alle Wege führten zu ihm, aus allen Räumen, die es gab – ich zählte 16. Ich streifte durch sämtliche Räume. Schließlich erkannte ich, dass es mir nicht möglich war, alles auf einmal zu begreifen. Ich verstand, dass ich noch begrenzt war. Ich akzeptierte, dass es viel zu lernen galt und es seine Zeit dauern würde. Schritt für Schritt. Also kehrte ich um, verließ Tinatlán auf dem Weg, auf dem ich gekommen war, und suchte Don Esteban.

»Und, wie geht es dir?« Don Esteban saß weit abseits der Pforte, mit dem Rücken an die Mauer gelehnt, das Gesicht der untergehenden Sonne zugewandt. »Ich bin etwas eingeschüchtert«, gestand ich. »Wie soll ich das umsetzen? Wie kann ich eine dieser Urstrukturen so darstellen dass sie für andere fassbar wird?« Don Esteban streckte sich. Die feinen Fäden, die die Mauer gebildet hatte, und über die er vermutlich mit mir Kontakt gehalten hatte, glitten von seinen Schultern und zogen sich zurück. »Ach, ich bin mir sicher, dass du einen Weg finden wirst. Bei all der Technik, auf die ihr so stolz seid!« Er lachte in sich hinein. Ich wusste nicht, was er meinte, und ahnte, dass ich vermutlich schon viel zu kompliziert dachte.

Er begann von Neuem. »Als du damals in Mexiko vor mir geflüchtet bist, da warst du doch zuvor an ganz bestimmten Orten.« Ich erinnerte mich an die Tempelanlagen, die bekannten und vor allem an die weniger bekannten, die ich besucht hatte. »Ist dir dort nichts aufgefallen?« Nun, dass sie alt waren und dass es Orte gab, die einen nach unten zogen, in ein Netzwerk aus Energiebahnen, die die ganze Welt umspannten. »Du meinst die Kräfte an diesen Orten?«, wagte ich einen Vorstoß. »Nein, nein! Ich meine etwas anderes, Offensichtlicheres und doch für fast alle Verborgenes!« Ich hasste es, wenn er in Rätseln sprach. Dann fühlte ich mich wie der Schuljunge, der ich ja auch war. »Holt dich gerade eine Prägung ein?«, stichelte er kichernd. Was konnte er meinen? Ich ließ mich neben ihm nieder. »Du meinst die Ausrichtung der Bauten, das Zahlenverhältnis, die Winkel?« Wieder lachte er. »Du bist nahe dran, mein Freund.« Ich dachte nach, suchte nach den Bildern in meinem Kopf. »Die Symbole, die Verzierungen?«, versuchte ich es vorsichtig. Don Esteban lachte auf. »Exactamente! Nur, dass du sie dir wie die Urstruktur, die du gerade studiert hast, vorstellen musst! Viel ist ja in den Ruinen nicht mehr übrig.« Er stand auf und machte sich bereit zu gehen. Das war es! Dreidimensional! Sich drehend! Aber letztlich nichts anderes als ein Bild. Und über das Bild kann man in Resonanz gehen, in Resonanz mit der Urstruktur, die dargestellt ist. Das alte Schlüssel-Schloss-Prinzip eben! »Und weißt du«, setzte er nach, »manche dieser Tempel, wie du sie nennst, sind genau genommen reine Urstruktur in Stein!«

Aus Tinatlán zurück begann ich, alles zu notieren. Ich suchte nach Möglichkeiten, die Urstrukturen so darzustellen, wie sie sich mir in Tinatlán zeigten. Immer, wenn ich in weiterer Folge nach Tinatlán gerufen wurde, sollte mein Arbeitsablauf derselbe sein: Ich erkundete die Räume, konstruierte alle möglichen und unmöglichen Modelle am Computer, verglich und verwarf. Manchmal lachte Don Esteban über meine Fehlversuche und ebenso oft lobte er mich, wenn ich es wieder geschafft hatte, eine der Strukturen als Bild darzustellen. Ich lernte viel. Und das, was daraus entstand, steht nun jenen zur Verfügung, die sich beherzt aufmachen, um ihr Selbst zu entdecken.

Die so entstandenen Bilder dienen der Navigation. Sie sind die Resonanzpunkte im Außen, die unsere Urstrukturen im Innern in Resonanz bringen – so verändern wir uns selbst und auch die Welt!

Die Reise beginnt!

»Wir kommen aus verschiedenen Richtungen, bringen unterschiedliche Geschichten mit, unterschiedliche Verletzungen, aber genau genommen sind unsere Grundbausteine immer die gleichen!«

Wenn du die Reise zu deinen Urstrukturen beginnen willst, beginne mit jener, die du als stärkste Grundstruktur in dir identifizieren konntest! Sie erleichtert dir den Anfang, denn sie wird immer als Grundresonanz Energie in deinem System bereitstellen. Um in Resonanz zu gehen, bedarf es nur weniger Vorbereitungen. Es ist nicht wirklich kompliziert und benötigt auch keines speziellen Vorwissens. Am besten ist es, wenn du schon etwas Erfahrung darin hast, mit deinem Energiekörper zu arbeiten. Einige einfache Übungen findest du in meinem Buch »Tierra Santa«. Die Energiekörperarbeit ist wichtig, denn sie gibt dir eine gute Basis für deine Wahrnehmung ebenso wie für deine Handlungen. Dies erleichtert vieles! Mit mehr Kraft kannst du mehr und in kürzerer Zeit bewegen. Auch ist es hilfreich, wenn du dich bereits etwas im schamanischen Reisen auskennst. Wie du dich z. B. in einen schamanischen Bewusstseinszustand versetzt oder dein Krafttier findest, kannst du in meinem Buch »Schamanische Wege zur Mitte« nachlesen.

Hilfreiche Tipps

Nutze deine Energie!
Deine Energiemenge kannst du genau genommen selbst regeln. Die Atmung ist dabei ein wichtiger Schlüssel. Ich empfehle dir, generell auf Bauchatmung umzustellen.
Achte auch auf deine Ernährung. Es ist sinnvoll, Lebensmittel zu sich nehmen, die den Organismus nicht belasten, sondern unterstützen.
Verwende Energie, verschwenden sie nicht. Sorge dafür, dass deine Energie bis in deine Mitte strömt. So kann deine Lebensenergie frei fließen.

Deine Wahrnehmung entscheidet über dein Handeln!
Trainiere deine Wahrnehmung.
Nimm dir Zeit und beobachte genau.
Achte auch auf deine physischen Empfindungen.
Schule deine Sinne in der freien Natur.
Übe dich im schamanischen Reisen.

Hole dir Unterstützung!
Arbeite mit deinen Ahnen.
Schaffe dir ein rituelles Umfeld.
Bitte um die Unterstützung deines Krafttieres.

Verstehe die Zusammenhänge!
Setze dich mit Themen wie Heilige Geometrie,
Platonische Körper, freie Energie usw. auseinander.
Achte darauf, wie sich die vier Elemente zeigen, und
auf ihre Wandlungen.

Das Wecken der Urstrukturen – die Methoden

»Manche werden sagen, dass du Geheimnisse verrätst, aber wie kann etwas im Dunkel bleiben, wenn es ohnehin in jedem von euch ist?«

Ich beschränke mich in diesem Kapitel auf die drei effektivsten Methoden, mit denen du in Resonanz zu deinen Urstrukturen gehen kannst. Es sind diese: das schamanische Reisen, die Meditation und die Schwitzhütte

Natürlich gibt es noch andere Zugänge, und manchmal genügt der rein visuelle Kontakt mit dem Bild einer kraftvollen Struktur, um Erstaunliches geschehen zu lassen. Du wirst selbst deine Schlüsse ziehen und deine Erfahrungen machen.

Je mehr Erfahrungen du gemacht hast, desto stärker werden deine Strukturen in dir, und desto mehr Energie steht dir zur Verfügung. Dieses Mehr an Energie wird dir helfen, auch jene Strukturen zu wecken, die tief in dir liegen und derer du dir noch nicht bewusst bist. Es ist eine Spirale, ein stetes Aufbauen, ein Gewinn an Kraft, Ausdauer und Klarheit! Zudem wird sich deine Persönlichkeit entwickeln und dein Umfeld sich im Sinne der naturgegebenen Resonanzgesetze positiv verändern.

Wie bei jeder Technik oder Methode ist es wichtig, etwas Disziplin an den Tag zu legen. Wobei ich aber darauf hinweisen möchte, dass dies keine »Übungen« sind. Also nichts, was man jahrelang trainieren muss, um es irgendwann anwenden zu können. Nein, es geschieht sofort! An dem Tag, an dem du beginnst, findet bereits die Veränderung statt. Es ist weniger eine Frage des Könnens, eher eine Frage der Leidenschaft oder der Neugierde! Vor allem aber birgt dieses Tun keinerlei Gefahr, denn du wirst nur dem begegnen, was in dir steckt, und das ist im schlimmsten Falle nur eines – kaum genutzte Urstrukturen, also Eigenschaften und Fähigkeiten! Also freue dich auf diese Arbeit und die erstaunlichen Veränderungen. Freue dich auf mehr Kraft, Ausdauer und Klarheit und das Ausbauen deiner Persönlichkeit.

Vorbereitung:

Nimm dir genug Zeit, um viel Energie in deiner Mitte zu zentrieren. Deine Mitte befindet sich vier Finger unter deinem Bauchnabel.
Schaffe dir einen rituellen Raum, in dem du ungestört bist.
Bitte deine Ahnen, Krafttiere und Verbündeten um Hilfe.
Stelle das Bild einer Urstruktur, z.B. das Bild der Urstruktur Erde, in unmittelbarerer Nähe auf, sodass du es bequem sehen kannst.
Arbeite nicht mit den Urstrukturen, wenn du müde bist. Deine Wahrnehmung braucht Energie.
Erzwinge nichts.
Neugierde und Experimentierfreudigkeit sind deine besten Lehrer!

Ausführung:

Die folgenden Methoden sind für alle Urstrukturen anwendbar und haben sich bestens bewährt. Alle drei Zugänge erfahren eine Aufwertung durch ein entsprechendes rituelles Umfeld. Es wird dir helfen, deine Aufmerksamkeit und Energie z. B. auf die Urstruktur Erde zu fokussieren. Dieses wird aber immer individuell sein, da es sich hier um ganz persönliche spirituelle Erfahrungen handelt.

Schamanisches Reisen

Das Ziel ist es, eine Mittlere-Welt-Reise in die Struktur deiner Urstruktur auf dem Bild, das du vor dich aufgestellt hast, zu machen. Die Technik des schamanischen Reisens ist erlernbar. Du kannst sie in vielen meiner Bücher nachlesen, z. B. in »Schamanische Wege zur Mitte«. Das Bild wirkt nun wie ein Tor zu deiner eigenen Urstruktur. Es ist eine Art Navigationshilfe auf deinem Weg dorthin. Sei dir bewusst, dass die Empfindungen, die du beim »Reisen« haben wirst, sehr physisch sein können. Die Urstruktur »Erde« z. B. zeichnet sich durch eine hohe Dichte aus, die du zunächst als Enge empfinden kannst. Die Urstruktur »Luft« wiederum kann dir zunächst den Boden unter den Füßen wegziehen, die Urstruktur »Krieger« wiederum wird dich dazu veranlassen, deinem inneren Erleben durch einen Schrei Ausdruck zu verleihen. Diese Empfindungen werden sich jedoch in ein Gefühl der Verbundenheit und Sicherheit wandeln, vor allem wenn du diese

Erfahrungen öfter machst. Schaue zunächst konzentriert auf den Mittelpunkt der Struktur auf dem Bild. Versuche, ein Gefühl für die Beschaffenheit zu bekommen. »Erfühle« die Kanten und Flächen. Wenn du ein klares Bild der Struktur hast, beginne deine schamanische Reise ins Zentrum der Struktur. Erforsche die Struktur, lasse dich führen, achte auf deine Empfindungen. Du wirst tief in die Strukturen eindringen und letztlich dein eigenes Tinatlán betreten.

Meditation

Bei der Meditation ist es sehr wichtig, dass du in deine Mitte atmest. Versuche, die Struktur auf dem Bild vor dir mit allen Sinnen zu erfassen. Achte dabei auf alles. Du solltest ein klares Bild der Struktur vor deinem geistigen Auge erschaffen können. Wenn es dir gelingt, die Struktur klar wahrzunehmen, beginne, sie im Geiste zu drehen. Konzentriere dich auf jedes Detail. Sobald du die Struktur mit all ihren Einzelheiten erfasst hast, achte auf deinen Körper. Wo nimmst du die Struktur in dir wahr? Wie fühlt sie sich an? Ändert sich deine Wahrnehmung z. B. in Bezug auf dein Körpergewicht? Sobald du die Struktur in dir wahrnehmen kannst, erlaube ihr, sich auszudehnen. Sie wird dich durchdringen, sich mit dir vereinen. Sie wird zu dir, und du wirst zu ihr, du bist die Struktur! Die Wahrnehmungen werden sich von Bild zu Bild massiv unterscheiden.

Schwitzhütte

Der Aufenthalt in einer Schwitzhütte ist wohl eine der effektivsten und direktesten Methoden, um in Resonanz zu gehen. In der Dunkelheit und Reduktion liegt das wahre Sein. Bereite dich vor, indem du wie bei der Meditation versuchst, ein klares Bild der Urstruktur in dir zu erzeugen. Es genügt, wenn du es schaffst, dir das Bild geistig vor Augen zu führen. Es dient lediglich als Trigger in der Schwitzhütte, als Resonanzpunkt. Konzentriere dich während der Runden in der Schwitzhütte auf deine Atmung. Bei jedem Einatmen kommst du deiner Urstruktur einen Schritt näher. Du nährst sie mit Energie. Je tiefer und bewusster du atmest, desto mehr Energie führst du ihr zu. Du atmest »von oben nach unten«. Das heißt: In deinem Geist befindet sich das Bild der Urstruktur, das du beim Ausatmen neu erzeugst. Beim tiefen Einatmen bringst du das geistige Bild in deinem Kopf in Resonanz mit der Urstruktur in deinem Bauch. Der Atem ist hier das beste Werkzeug. Gib vor allem dem nach, was in dir geschieht, was als Ton oder Wort nach draußen will. Schränke dich nicht ein. Jede Urstruktur wird sich beim Ausatmen in einem anderen Ton bemerkbar machen wollen – auch hier gilt: Gib diesem Drängen ohne Sorge nach. Und nimm dir danach genügend Zeit, alles zu verarbeiten. Pausen sind wichtig! Sie sind die Zeit, die nötig ist, damit die Dinge zueinanderkommen, damit Kreise sich schließen und Entwicklung geschehen kann.

Kombination

Natürlich lassen sich alle Methoden hervorragend kombinieren. Zum Beispiel können Schwitzhüttenbesuche die anderen Methoden vertiefen und eine verblüffende Kontinuität erzeugen. Es gibt aber vermutlich noch einige andere Möglichkeiten. Du kannst ohne Weiteres experimentieren. Finde heraus, was besonders gut für dich funktioniert, und teile deine Erfahrungen mit anderen, die denselben Weg gehen. Es ist wichtig, hier jede Geheimniskrämerei zu verbannen. Die Zeiten sind vorbei, in denen der Stolz über die eigene Leistung uns das Weitergeben hilfreicher Informationen verwehrt hat. Tauschen wir uns aus! Helfen wir uns gegenseitig! Leiten wir uns an, und seien wir doch einander Ansporn, zu entdecken, was in jedem von uns an ungenutzter Ressource steckt. Vieles wird sich zum Positiven verändern, wenn wir nur bereit sind, unser Wissen zu teilen.

Egal, welchen Zugang du wählst – wichtig ist es, dass du mit den Bildern der Urstrukturen in Resonanz gehst. Versetze dich zunächst in diese Bilder hinein, dann achte aber darauf, was in dir geschieht. Richte deine Aufmerksamkeit nach innen – das, was du fühlst, sind deine eigenen Urstrukturen. Schamanische Arbeit kann sehr tief gehen – tiefer und intensiver, als wir es uns bisher vorzustellen gewagt haben. Es beschränkt sich keinesfalls auf gelegentliches Trommeln und Kontakte zum Krafttier. Lasse dir daher immer genügend Zeit. Und nimm dir nur eine Struktur am Tag vor. Pausiere dazwischen einige Tage. So kannst du deine Veränderungen besser einordnen und verarbeiten.

Die 16 Urstrukturen Tinatláns

Erde – wo alles begann

»Wenn du gut vorbereitet bist, wirst du nicht scheitern, und deine Freude wird ohne Grenzen sein!«

Einige Tage vergingen, bis Don Esteban mich erneut nach Tierra Santa holte. Ich fand mich abseits der Stadt wieder. Don Esteban wandte sich mir zu und lächelte. »Du solltest dich etwas vorbereiten auf das, was kommt!« Ich nickte und versuchte, meine Ungeduld zu bremsen. »Beginne am besten mit der Erde! Sie wird dich am wenigsten verwirren.« Das schien mir aus keinem besonderen Grund vernünftig zu sein, und ich wollte schon den Weg nach Tinatlán einschlagen. Doch Don Esteban hielt mich an der Schulter zurück, eine der seltenen Gelegenheiten, bei denen er mich berührte. »Was weißt du über die Erde, die große Mutter?«, fragte er ruhig. Ich dachte nach und kramte alles aus meiner Erinnerung, was mir passend schien. Mein Lehrer hörte zu, nickte hier und da bestätigend, aber er schüttelte auch den Kopf. »Wenn du selbst zur Erde wirst, kann das ein Schock für dich sein. Nie zuvor hast du so gefühlt, und nie zuvor hast du dich allem so nahe gefühlt!« Ich verstand nicht genau, was er meinte, aber Don Esteban ließ mir keine Zeit für Fragen. »Du musst zunächst ganz in deine

Mitte gehen. Lenke all deine Energie dorthin, und achte darauf, dass deine Aufmerksamkeit nicht nachlässt.« Ich versprach, darauf zu achten. Dann gingen wir los in Richtung der Stadt, und je näher wir den Mauern kamen, desto bewusster wurde mir, dass ich ja gar keine Ahnung hatte, welcher der Tempel der Erde war. Don Esteban lachte schallend, als er meine Unsicherheit bemerkte. »Deine Beine sind stets ein wenig schneller als dein Verstand!« Es machte mich wütend, dass er mir immer wieder eine meiner Unzulänglichkeiten vorführte. »Also, wo muss ich hin, Don Esteban?«, fragte ich ihn, ohne mich umzudrehen. »So, wie du heute den ersten Raum finden wirst, so hast du auch schon den Raum des Heilers gefunden, und so wirst du auch alle anderen finden. Es ist der Beginn deiner Entdeckungsreise, und der Beginn ist immer ein klein wenig mühsam, wie du ja weißt.« Er lachte wieder und mir kamen alle Mühen der letzten Jahre in den Sinn – auch mein gelegentliches Scheitern, aber auch meine Erfolge. »Erinnere dich! Du hast die Struktur ohnehin in dir, und wenn sie nicht zu stark überprägt ist, wird sie dich zum richtigen Eingang führen. Andere werden es genauso machen wie du.« Er hatte recht. All das hatten wir schon so oft besprochen, und ich wusste, dass es immer um Resonanz ging. Zudem konnte ich meine Verbündeten, meine Krafttiere um Hilfe und Führung bitten. Wie schnell man alles vergisst, dachte ich bei mir. »Geh jetzt! Es ist Zeit. In deiner Welt bricht bald der Morgen an.« So betrat ich die Stadt und bat um weise Führung. Ich sah mich um, all die Wege, die Pforten! Ich atmete tief durch und wurde mir wieder meiner physischen Präsenz in dieser Anderswelt bewusst. Ich schloss meine Augen. Etwas zog sanft, aber bestimmt an mir, und ich gab diesem Ziehen nach. Mit geschlossenen Augen ließ ich mich treiben. Ich war im Dunkel, und selbst die inneren Bilder verschwanden. Als ich die Augen wieder öffnete, fand ich mich nicht in meinem Bett wieder, sondern vor einem der Tempel Tinatláns. Ich wusste tief in mir, dass dies der richtige war. Ich betrat die Pforte zum Tempel der Erde zum ersten Mal, mit der Mahnung Don Estebans im Kopf, dass diese Urstruktur mächtig und stark war und ich mich zwar mit ihr verbinden könne, aber sie nie beherrschen würde.

In den letzten Nächten hatte mich Don Esteban immer wieder bis an die Mauern der Stadt und ihre Pforte gebracht. Ich wusste um den Zugang nach Tinatlán und war schon öfter auf den Wegen gegangen, die die einzelnen Tempel miteinander verbanden. Aber bis auf die erste Begegnung mit der Urstruktur des Heilers war ich noch keiner anderen Struktur begegnet. Zu groß war mein Respekt vor dem, was mich erwarten würde. Zudem hatte mir Don Esteban nur erlaubt, mich außerhalb der Tempel umzusehen. Ich war mir sicher, dass er seine Gründe hatte, auch dafür, dass der erste Kontakt mit meiner Urstruktur nicht so lange gedauert hatte, wie ich es mir gewünscht hatte. Nun stand ich in der Pforte und fühlte eine Art Druck, der von allen Seiten auf mich einzuwirken begann. Verunsichert wartete ich ab, in der Hoffnung, dass sich Don Esteban irgendwie bemerkbar machen und mir weiterhelfen würde. Meine Mitte begann, sich zu verschieben, und eine unbestimmte Angst stieg in mir hoch, kalt wie eine Schlange. Das Gefühl erinnerte mich an ein Erlebnis in einer Tempelanlage in Mexiko, die ich einige Jahre zuvor besucht hatte. Auch dort hatte ich mich unangenehm beengt gefühlt, und meine Bewegungen waren seltsam verlangsamt gewesen. Damals hatte ich mich dem Gefühl einfach hingegeben, war zusammengesunken und hatte am Ende zusammengekrümmt auf dem kalten Stein gelegen. Ich war in eine namenlose Tiefe gerissen worden. Mir fehlte es zu jener Zeit an Kraft und Wissen, und so war diese Begegnung zu einem erschreckenden Erlebnis geworden, das ich nicht zu wiederholen wünschte. Nun aber standen mir mehr Werkzeuge zur Verfügung, um meinen Energiekörper zu beeinflussen. So, wie ich es von Don Esteban gelernt hatte, lenkte ich meine Lebensenergie in meine Mitte, vier Finger unter dem Bauchnabel. Ich wusste, dass ich im selben Augenblick zu Hause in meinem Bett lag, dennoch fühlte ich meinen Körper hier in diesem erdrückenden Portal, durch das mir aus einer undurchdringlichen Schwärze kühle, modrige Luft sanft entgegenwehte. Es war wie der Atem einer gigantischen Kreatur. Langsam wurde mein Energiekörper wieder kompakter, und der Kloß in meinem Hals verschwand zusehends. Die Angst wich einer natürlichen Neugierde. Ich setzte einen Fuß vor den anderen. Behutsam tastete ich mich an der Wand des Portals entlang, das anders als im Raum der Heilung in einen sich verschmälernden Gang überging. Die Dunkelheit nahm zu. Hier und da erkannte ich die haarfeinen, sanft leuchtenden Linien an den Wänden, wie feines Wurzelwerk. Wenn ich sie berührte, leuchteten sie stärker. Sie nahmen etwas von meiner Energie, wandelten diese in ein wunderbares Licht und gaben mir so Orientierung. Ich zählte meine Schritte. Als ich bei 30 war, betrat ich in einen großen Raum, dessen Wände, Boden und Decke in einem schwachen Rot fluoreszierten. Die Wände waren voller geometrischer Figuren. Sie hatten offenbar keine dekorative Funktion, sondern schienen miteinander in einem pulsierenden Rhythmus verbunden zu sein. Ich ging weiter auf die Mitte des Raumes zu, wo auf einem Sockel von gut 1 x 1 Meter die Urstruktur Erde ruhte. Die Struktur strahlte Wärme und Zuversicht, ja Mütterlichkeit aus! Ich trat näher an sie heran und fühlte, dass in mir etwas erwachte, etwas Altes und Starkes, zusammen mit dem Gefühl absoluter Ruhe und Geborgenheit. Ich berührte die Struktur, und sie antwortete mit einem Aufflackern auf diesen physischen Kontakt. Sie geriet in Bewegung, drehte sich um die eigene Achse, wuchs sich ständig selbst wieder gebärend, umschloss und durchdrang mich. Ich war die Erde, und die Erde war ich! Wir waren eins! Da war keine Angst, sondern reine Vertrautheit und ein überwältigendes Gefühl der Sicherheit!

Was geschehen wird:

Du wirst ruhiger, erdverbundener, geerdeter sein. Dein Zugang zu allem, was mit Erde zu tun hat, wird sich vertiefen, intensivieren. Dein Körper wird sich wieder an die natürlichen Dinge erinnern und nach natürlicher Nahrung verlangen. Du wirst eine neue Nähe zu Mutter Natur erfahren.

Erde

*»Sie ist deine Mutter, die Erde!
Respektiere diesen Teil von dir, der
zugleich deine Geburt und deinen
Tod markiert, als etwas Großartiges,
etwas, das über dir steht!«*

Feuer – neu geboren werden

»Wenn du eins mit dem Feuer bist, kann nichts dich halten, außer du selbst!«

Es war Nacht, und weder der Schlaf noch Don Esteban kamen zu mir. So stand ich auf, um mich ein wenig mit der Struktur zu beschäftigen, die ich in den letzten Wochen erforscht hatte. Noch fiel es mir schwer, das große Ganze zu begreifen, aber ein Silberstreif zeichnete sich am Horizont ab: Es war die Erkenntnis, dass es weniger eine Frage des Verstehens, als eine Frage der Erfahrungen war. Mithilfe des schamanischen Reisens hatte ich die Bilder, die ich bisher erstellt hatte, untersucht und deren »Funktionstüchtigkeit« überprüfen können. Nun ging mir aber das Material aus, und Don Esteban ließ sich bitten. Ich blickte in eine mondlose Nacht und wünschte mich nach Tierra Santa und Tinatlán, in die Stadt mit all ihren Geheimnissen. Enttäuscht über den Stillstand legte ich mich wieder ins Bett. Minuten später, nachdem ich endlich mit wirren Gedanken im Kopf eingenickt war, erwachte ich auf dem Rücken liegend in der Wüste Tierra Santas. »Du glaubst, du hast zu wenig Arbeit?« Don Esteban stand, mir den Rücken zugewandt, breitbeinig gegen den heißen Wind gelehnt. Sein weißes Hemd flatterte im aufbrausenden Sturm. Gerade als ich mich rechtfertigen wollte, blickte er mit feurigen Augen zu mir. »Weißt du, was echte Hitze, wirkliches Feuer ist?« Ich lag immer noch auf dem Rücken, die Ellenbogen in den Sand gestützt, der plötzlich heißer wurde. Unfähig, gegen den immer heftiger werdenden Sturm anzubrüllen, schüttelte ich nur den Kopf. Don Esteban hatte sich zu mir gedreht und stand wie ein Riese vor mir. Das konnte nicht er sein und auch nicht Tierra Santa. Ich musste mich in einen Albtraum verirrt haben! Schützend hielt ich mir den Unterarm vor das Gesicht. »Du glaubst, das ist nun ein Traum?« Don Esteban lachte, und sein Lachen dröhnte ebenso heiß in meinen Ohren wie der Sand unter mir. »Das ist kein Traum, mein Freund! Das ist nur eine Vorstufe dessen, was dich erwartet.« Ich konnte nicht mehr atmen. Die Luft war wie glühendes Plasma, knisternd wie reine Radioaktivität. Sein Lachen dröhnte in meinem Kopf. Der Sand um mich herum und unter mir begann, sich zu verflüssigen. Ich lag in glühender Lava, zäh und klebrig, flüssiges Feuer, das in mich eindrang. Worte kamen mir in den Kopf, Begriffe die ich irgendwo und irgendwann aufgeschnappt und auch sicherlich öfters selbst gebraucht, aber ebenso sicher nie wirklich verstanden hatte: Da war das Wort »taya«, aus der Sprache der Yaqui, das »brennen« bedeutete, aber mehr noch das Umwandeln des Körpers in reine Energie meinte. »Brennen, umwandeln, reinigen, auflösen«, ich verlor mich in diesen Worten, aber ich konnte sie zugleich in ihrem Wesen begreifen. Plötzlich war die Stimme meines Lehrers nahe an meinem Ohr. »Damit du weißt, wonach du suchen musst!« Plötzlich war die Hitze wie ausgeschaltet. Der Wind hatte aufgehört, mir die Haut vom Gesicht zu lösen. Der Himmel war blau und ohne jede Wolke. Der Sand, auf dem ich lag, beinahe kühl. »Mach, dass du auf die Beine kommst.« Ich gehorchte und stand noch ohne echtes Vertrauen in meine Beine auf. Vor mir lag wieder Tinatlán. »Nun geh schon! Solange du dich an dieses feurige Schauspiel, das ich für dich inszeniert habe, erinnerst, wirst du auch den Tempel des Feuers leicht finden können!« Noch etwas unsicher ging ich los, betrat die Stadt durch das Portal, das ich bereits kannte. Die Stadt schien geschlafen zu haben und mit meinem Eindringen zu erwachen. Ich fühlte meinen, ihren Puls in allem und ließ mich von dem Feuer, in dem ich eben noch gewesen war, führen. So fand ich den Raum, der die Urstruktur beherbergte. Ich betrat ihn und fand, was ich so lange gesucht hatte: die Urstruktur Feuer. Ich wusste, dass es in meinem Herzen noch Stellen aus Eis gab. Erfahrungen, die schmerzhaft gewesen waren und die mich in mancher Hinsicht lähmten. Ich wurde mir einer Kälte bewusst, die tief in mir lag und mich oft unnahbar gemacht hatte. Diese Kälte schmolz, als ich mich mit dem Feuer verband. Alles in mir geriet neu in Bewegung, ordnete sich, wurde in den Flammen gereinigt, um leuchtend und stark im Außen andere Resonanzen zu erschaffen. Ein alter Kampf in mir, zwischen Feuer und Eis, Wärme und Kälte fand endlich eine Entscheidung. Mein Leben veränderte sich aufs Neue! Was für ein Sieg! Die Urstruktur Feuer schien mir in diesem Moment die wichtigste Struktur in meinem Leben zu sein, denn sie hatte mich von vielem befreit, was alt und verbraucht, belastend und einschränkend gewesen war. Ich erwachte schweißgebadet, aber froh und dankbar, wieder einen Schritt näher zu meinem Selbst gegangen zu sein.

Was geschehen wird:

Du wirst dich wieder an dein inneres Feuer erinnern. Dein Energiepotenzial wird wachsen. Deine Gefühlswelt wird sich verändern, und du wirst dich den Menschen näher und verbundener fühlen. Dein Organismus wird schneller verstoffwechseln und deine Ausstrahlung »feuriger« sein. Du wirst in vielen Bereichen aktiver sein als zuvor.

Feuer

»Es ist der Funke,
der zur Flamme wird,
die alles verzehrende Feuersbrunst,
aus der alles Neue erwächst,
immer und immer wieder,
und es ist in dir!
Verbinde dich mit ihm,
um neu geboren zu werden!«

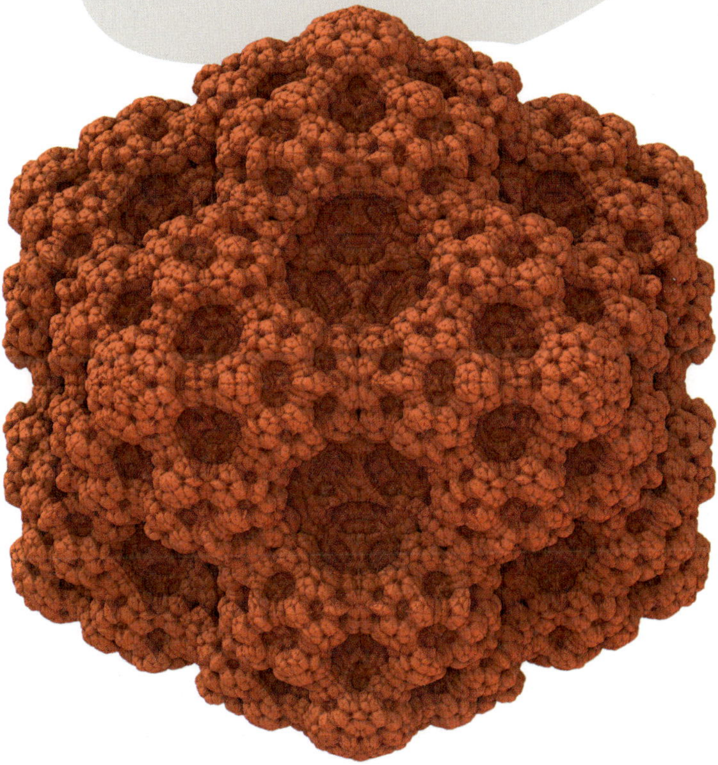

Wasser – die Seele nähren

»Ohne Wasser bist du nichts, weil du aus ihm bestehst! Es nährt deine Seele, und wenn du selbst zum Wasser wirst, dann bist du selbst der Fluss, der unendliche Ozean, und du wirst wieder alles fühlen!«

Wieder glaubte ich mich zunächst in einem Traum. Ich schwamm. Unter mir unendliche Tiefen, über mir ein nachtschwarzer Himmel. Ich erinnerte mich an die Reise nach Mexiko zu den Seri-Indianern und daran, wie ich mich mitten in der Nacht ins Meer gewagt hatte. Ich war geschwommen, genauso wie jetzt, ohne zu wissen wohin und ohne Bewusstsein für die Gefahr, die damit verbunden war. Das Gefühl jetzt war ähnlich, wenngleich ich mich leichter fühlte. Denn damals lastete noch so einiges auf meiner Seele. Jetzt trug mich die See. Ich fühlte mich leicht und beinahe entspannt. Und ich erkannte, dass ich mich irgendwo in Tierra Santa befinden musste. Weder sah ich Land noch hatte ich ein Gefühl dafür, in welche Richtung ich schwamm. Ich ließ mich einfach treiben und wartete darauf, dass sich Don Esteban zeigen würde, um mich wieder auf eine meiner Urstrukturen anzusetzen. Ich drehte mich auf den Rücken. Die Wellen schaukelten mich sanft. Immer, wenn ich mit den Ohren unter Wasser geriet, hörte ich meinen eigenen Atem, meinen Herzschlag. Plötzlich geriet ich in eine Strömung. Ein starkes Ziehen, gegen das ich nicht ankam. Die Wellen wurden heftiger. Irgendwo weit vor mir glaubte ich, die Brandung zu hören. Ein rettender Strand vielleicht oder eine steile Felsenküste. Ich versuchte, auf das Geräusch zuzuhalten, aber es wollte mir nicht gelingen. Sollte ich mich weiter treiben lassen? Ich hoffte auf meine Verbündeten oder ein Erwachen, das mich nach Hause ins warme Bett bringen würde. Aber meine Hoffnung blieb unerfüllt. Der Wind geriet zum Sturm. Immer öfter geriet ich mit dem Kopf unter Wasser. Panik stieg in mir hoch. Die Wellen waren riesig, stürzten aus der Schwärze der Nacht auf mich ein. Sie rollten mich hin und her, trugen mich in die Höhe, um mich wieder in die Tiefe zu stoßen. Dann kippte die Welt. Ein Strudel erfasste mich und zog mich unnachgiebig nach unten. Nichts half. Ich rief nach Don Esteban, nach meinen Krafttieren, sicher auch nach meiner Frau, die neben meinem »anderen« Ich im Bett lag und vermutlich nicht ahnte, wo ich gerade war und wie es um mich stand! Es half nichts. Ich ging unter. Tiefer und tiefer. Es glich einem sanften, aber unaufhaltsamen Absturz. Ich hielt die Luft an, ein Reflex aus meiner Kindheit meldete sich, meine Lebensenergie vergeudete sich in Bildern von fürchterlichen Seeunglücken, Erinnerungen aus einer anderen Zeit, einem anderen Leben vielleicht. Dann änderte sich etwas. Die Dunkelheit um mir wich einem leichten Blau. Noch immer war ich im Wasser, unter Wasser, dem Ertrinken nahe. Da hörte ich endlich seine Stimme. »Atme, du Narr!« Aber wie sollte ich Wasser atmen können! Jeder wusste, dass das nicht ging, dass man ertrank, wenn das Wasser in die Lungen strömte! Das lebensspendende Nass war zugleich der Tod, wenn es in falsche Bereiche des Körpers geriet.

Was für ein seltsamer Aspekt! Leben und Tod zur selben Zeit. »Atme endlich! Oder willst du dich ewig irgendwo zwischen den Welten herumtreiben!« Seine Stimme war fordernd und ließ keinen Widerspruch zu! »Erinnere dich gefälligst daran, dass es immer um Entscheidungen geht! Diese Entscheidungen fällst nur du! Nicht das Wasser oder die Luft! Du allein bist es, der das Unmögliche möglich machen kann!« Ich versuchte, zu atmen, aber eine Prägung, ein Widerstand in mir war stärker. Meine Lungen brannten. »Leben oder Tod, es ist dasselbe, wenn du dich endlich entscheidest! Nur das Dazwischensein ist wirklich tödlich!« Wieder war seine Stimme in meinem Kopf. Endlich wagte ich einen tiefen Atemzug, gefasst darauf, in absolute Schwärze, ins Nichts zu stürzen. Aber als ich atmete, kam das Licht und mit ihm die Wärme! Ich fand mich an die Mauer von Tinatlán gelehnt wieder. Don Esteban saß neben mir und zeichnete mit einem trockenen Zweig seltsame Wellen in den Sand. Ohne mich eines Blickes zu würdigen, wies er zur Pforte. »Don Esteban, Leben und Tod ist dasselbe, oder? Dazwischen liegen die Emotionen, habe ich recht?« Er lachte leise. »Du merkst aber auch alles, zumindest irgendwann einmal. Alles ist ein Kreis, mein Freund. Die Frage ist, ob du im Kreis gefangen bist, oder ob du ihn verlassen kannst, oder ob du selbst der Kreis bist.« Ich erhob mich vorsichtig, verstand aber zunächst nicht, was er damit meinte. Wieder eine seiner kryptischen Aussagen, die ich immer erst im Nachhinein zu begreifen imstande war. Wir hatten schon oft darüber gelacht, dass so manches, was er sagte, bei mir erst Tage oder Wochen später richtig ankam. Ich erklärte mir meine lange Leitung damit, dass es für mich schon schwer genug war, seine und meine Welt irgendwie in Einklang zu bringen. Ganz abgesehen davon, dass es mich jedes Mal viel Energie und auch Schlaf kostete, wenn er mich zu sich holte. »Beeile dich!« Ich nickte ihm zu

»Ja, ich weiß, bevor ich vergesse, wie sich das Wasser anfühlt.« Mein Witz gelang nicht, und er sah mich mit blitzenden Augen an. »Vergiss nicht, worum es geht!«, riet er mir warnend. So machte ich mich wieder auf die Suche nach einer weiteren meiner Urstrukturen, der Urstruktur Wasser. Während ich ging, wurde mir wieder einmal bewusst, wie bizarr dies alles war. Obwohl jede schamanische Reise schon surreal und für jeden normalen Menschen wohl an Wahnsinn grenzen musste, waren meine Besuche hier in Tierra Santa und Tinatlán noch schwerer zu verdauen. Und die Menschen, denen ich mich anvertrauen konnte, waren leicht an einer Hand abzuzählen. Ich fühlte mich einsam in diesem Moment. Ein Gefühl von Schwere und Verlassenheit überkam mich. Je näher es mich zum Tempel des Wassers zog, desto elender wurden meine Gefühle. Als ich durch die Pforte in einen Raum trat, der wie die bisherigen Räume mit leuchtenden Adern, dieses Mal in hellem Blau, durchzogen war, fühlte ich mich seelisch am Ende. Ich weinte ohne genau zu wissen weshalb. Meine Gefühle und Emotionen brachen wie eine Welle über mich herein. Eine Flutwelle aus Selbstzweifel und Schmerz. Ich schleppte mich zur Mitte des Raumes und fand, wieder auf einem Sockel ruhend, die Urstruktur des Wassers. Ich betrachtete sie durch einen Schleier aus Tränen. Als ich sie berührte, geschah etwas Wunderbares: Alles wandelte sich! Ich fühlte unendlichen Trost in dieser Begegnung und verstand in diesem Moment, dass das Wasser alles aus mir wusch, was nicht mehr zu mir gehörte. Ich wurde gereinigt. Alles stieg noch einmal hoch, um endlich gelöst zu werden. Das Wort »Reinigung« wurde in diesem Moment zu einem physischen und seelischen Prozess. Es geschah etwas, was real und fühlbar war. Ich wusste, ich war unter die Oberfläche abgetaucht, ich hatte mich entschieden und ein neues Leben begonnen. Ich blieb noch lange und kostete die

Resonanz aus, die in mir entstand. Wieder zurück in der »Normalwelt« schien mir vieles klarer. Ich bemerkte positive körperliche Reaktionen, die vor allem meine Nieren und meinen Stoffwechsel im Allgemeinen betrafen. Und ich stellte fest, dass ich nun vielem gelassener und ruhiger gegenüberstand. Was für eine Wohltat und welch grandiose Veränderung!

Was geschehen wird:

Du wirst eine Reinigung erfahren. Viele Emotionen werden von dir abfallen. Dein Blick wird klarer sein, ebenso deine Gefühle. Du wirst bessere Entscheidungen treffen können. Dein Körper wird gereinigt, vor allem deine Nieren. Generell werden sich dein energetisches und dein physisches System besser von Altlasten befreien können. Du wirst in Gewässern neue Verbündete finden und den Regen als Reinigung lieben lernen. Deine Träume werden an Intensität gewinnen. Und du wirst begreifen, dass du wie das Wasser in allem bist und alles zugleich in dir ist!

Wasser

»Es ist das Leben, der Fluss,
das alles Entscheidende.
Es ist die Summe all deiner Gefühle,
und seine Oberfläche ist das
eigentliche Leben!«

Luft – Atem ist Leben

»Deinen Atem nur für Wörter zu verwenden ist Verschwendung!
Das, was du sagst, ist nichts im Vergleich zu dem, was dein Atem macht, ohne dass du es weißt!
Wüsstest du es, würde sich alles ändern!«

Ich atmete. Ein, aus, ein, aus. »Nur ruhig«, dachte ich bei mir. Wieder einer von Don Estebans Schachzügen, um mich vorzubereiten. Er hatte mich auf die Spitze eines Berges gebracht. Da saß ich nun mit einem mehr als grandiosen Ausblick über die Wüste. Ganz in der Ferne konnte ich Tinatlán erkennen. Die Stadt lag in der flirrenden Hitze, spiegelnd, einer Fata Morgana gleich. Der Berggipfel bot mir gerade so viel Platz, dass ich sitzen konnte. Steile Felswände, kein Weg, kein Abstieg, der mir möglich schien. Ich glaubte die Drehung der Welt, Don Estebans Welt, zu spüren. Ich bekämpfte den aufkommenden Schwindel, indem ich tief in meine Mitte atmete, ganz so, wie er es mich gelehrt hatte. Noch weiter über mir im strahlenden Blau eines unwirklichen Himmels kreisten Vögel. Sie erinnerten mich an Adler oder den mächtigen Kondor Ecuadors. Wolken zogen auf. Unten lag die brütende Hitze, hier oben war es angenehm kühl, beinahe schon kalt. Was wollte er, das ich tat? Die Felswände hinunterklettern oder einfach bleiben und atmen, wartend auf das, was er als Prüfung oder Training vorgesehen hatte? Ich war zu stolz, um nach ihm zu rufen. Im Übrigen war ich mir sicher, dass er mich beobachtete, dass er ganz in meiner Nähe war, unsichtbar für mein Auge, aber fühlbar für mein Herz. Also wartete ich eine Weile, bis ich aufstand, immer noch schwindelig von der Höhe und der scheinbaren Bewegung Tierra Santas. Ich blickte ins Tal und fühlte eine Veränderung. Die Höhe des Berges schien sich verändert zu haben! Tinatlán war noch weiter entfernt als zuvor, schrumpfte mit jedem meiner Atemzüge immer mehr. Jetzt hatte die Stadt nur noch die Größe meines Daumennagels. 10 oder mehr Atemzüge später war sie nur noch so groß wie der Kopf einer Stecknadel. »Was hast du mit mir vor, Don Esteban?« Ich suchte nach einem Anhaltspunkt, hörte in mich hinein, aber da war keine Stimme, und um nach ihm zu rufen, fehlte mir der Atem. Mir kam der Everest in den Sinn und all die Bergsteiger, denen der Sauerstoff ausgegangen war. Sie blieben Opfer des Berges, oft auf dem Rückweg vom Gipfel, nach dem so schwer erkämpften Sieg. Ich fühlte mich verlassen und schwach. Mittlerweile war selbst die Wüste unter mir verschwunden. Der Gipfel stieß durch die Wolken. Ich blickte auf ein weißes Meer, ganz so, wie der Blick aus dem Fenster eines Jumbo-Jets, irgendwo auf dem Weg von Europa zum amerikanischen Kontinent, Tausende Meter über einem gigantischen Ozean, der sich unter den Wolken verbirgt. Hier war nichts, vor allem keine schützende, mit ausreichend viel Sauerstoff versorgte Kabine eines Passagierflugzeuges. Die Luft war dünn, kalt und ohne Sauerstoff, der mir Kraft, wofür auch immer, geben konnte. Die Einsamkeit umschloss mich. Kein Zeichen meines Lehrers, keine Vögel mehr am Himmel, keine Aussicht auf irgendwas. Ich fühlte mich selbst wie unsichtbar. Jeder Atemzug war jetzt leicht, aber ohne Inhalt. Die Sprache versagte, die Kälte kam in mich wie ein tödliches weißes Licht. Ich wuchs mit dem Berg ins Nichts. Dann kam die Dunkelheit und mit ihr endete mein Bedürfnis, zu atmen. Anders als im Wasser blieb die Angst fern. Ich fühlte nur ein einsames, unsagbares Versagen. »Wo bist du, was soll ich tun?« Ich dachte die Worte, sah sie vor mir, wie sie davonflogen. Ich versuchte, das Gefühl in mir zu analysieren, und fand, dass meine Verlassenheit daher rührte, dass ich mich abgeschnitten von anderen Menschen fühlte. Unfähig zu kommunizieren. Ich teilte meinen Atem mit niemandem mehr. »Verstehst du, was das Element Luft macht?« Don Esteban stand plötzlich neben mir, seine Worte waren in meinem Kopf. Ich versuchte, zu antworten, aber ohne Luft und ohne Stimme brachte ich letztlich nur ein Kopfschütteln zustande. Mein Lehrer erkannte, dass ich nicht verstand, was er meinte. »Du musst begreifen, dass dein Atem ein Weg ist, die Luft ein Transportmittel.« Ich blickte ihn direkt an. Er lächelte sein unendlich mildes Lächeln, das ich so selten sah und doch oft dringend brauchte, gerade jetzt, da ich mich so fern von allem fühlte, so leer und verletzlich wie selten zuvor. »Wenn dein Atem nach innen geht, berührt er deine Strukturen. Sie erwachen, weil dein Atem auch deine Lebensenergie in dein eigenes Tinatlán, in dein Selbst bringt. Das wusstest du ja schon, oder zumindest hast du es geahnt?« Ich nickte. »Die Luft ist wie dein Atem eine Verbindung von innen und außen. Viele eurer Kulturen wissen das und haben Methoden entwickelt, diese Verbindung zu stärken und zu verbessern. Wenn dein Atem versagt, bricht auch diese Verbindung ab, und du verlierst alle Bezugspunkte zu dem, was du Leben nennst.« Ich verstand, worauf er hinauswollte. »Wenn du atmest, sei dir bewusst, dass dies nichts anderes als Resonanz ist!« Ich ließ mich erschöpft zu seinen Füßen nieder. Atem ist Leben, den Atem mit anderen zu teilen, Kommunikation, selbst wenn es ohne Worte geschieht. Wir atmen dieselbe Luft, tauschen uns aus, verbinden uns. Es muss nichts gesagt werden, weil alles direkt über die Urstrukturen in Resonanz gehen kann. Schweigend atmen. Sich verbinden mit jedem Atemzug. Die Mitte finden, die Urstrukturen in Resonanz bringen und so Bewegung im eigenen System und darüber hinaus erzeugen. In Schwingung geraten also! »Du verstehst?« Ich nickte. »Dann lass uns dich ins Tal bringen, schau hinunter, die Wolken haben sich für dich geöffnet. Ich trat ein wenig vor, unsicher und etwas in Sorge wegen des Schwindelgefühls und der steilen Felswände. Da stieß Don Esteban mich heftig vorwärts, und während ich fiel, hörte ich ihn lachend rufen: »Du hättest auch fliegen können! Wir sind ja nicht in deiner Welt, du Narr!« Der erwartete Aufschlag blieb aus. Ich raste durch ein schwarzes Loch und stand urplötzlich vor den Toren Tinatláns. »Geh, suche die nächste Struktur!«, flüsterte Don Esteban hinter mir. Ohne mich umzudrehen, machte ich mich auf den Weg. Es zog mich vorbei an den Räumen, die ich bereits kannte. Dann fand ich den Raum und die Urstruktur Luft darin. Alles an und in mir war in Aufregung, als ich in Resonanz mit ihr trat. Sie war leicht und schwer zugleich, in steter Bewegung, atmend, meinem eigenen Rhythmus gleich! Ich atmete tief und spürte ein Kribbeln, ein leises Tönen in mir, das nach außen drang. Erst nach vielen Atemzügen bemerkte ich, dass ich sang. Es war kein Lied, kein Text, sondern nur ein Ton, der sich tief in mir bildete und nach draußen drang. Noch nie hatte ich mich so frei in mir und dennoch auf seltsame Art und Weise mit allem verbunden gefühlt. Ich leuchtete von innen. Klar und frei, voller Freude und mit einem Ton im Herzen, der mich von nun an auf ewig begleiten würde!

Was geschehen wird:

Du wirst dir deines Atems bewusst und dass er eine Verbindung von Innen und Außen ist. Deine Sprache wird ruhiger, kräftiger und klarer werden. Dein Wort bekommt mehr Gewicht. Deine Lunge wird stärker und deine Ausdauer besser. Du wirst dich mit allem und allen verbundener fühlen.

Luft

»Du teilst mit allen die gleiche Luft, mit jedem, immer schon. So bist du mit allen verbunden, auch mit deinen vermeintlichen Feinden. Wenn du das verstehst und du deinen Atem als Schwingung, als Resonanz begreifst, brauchst du genau genommen keine Worte mehr!«

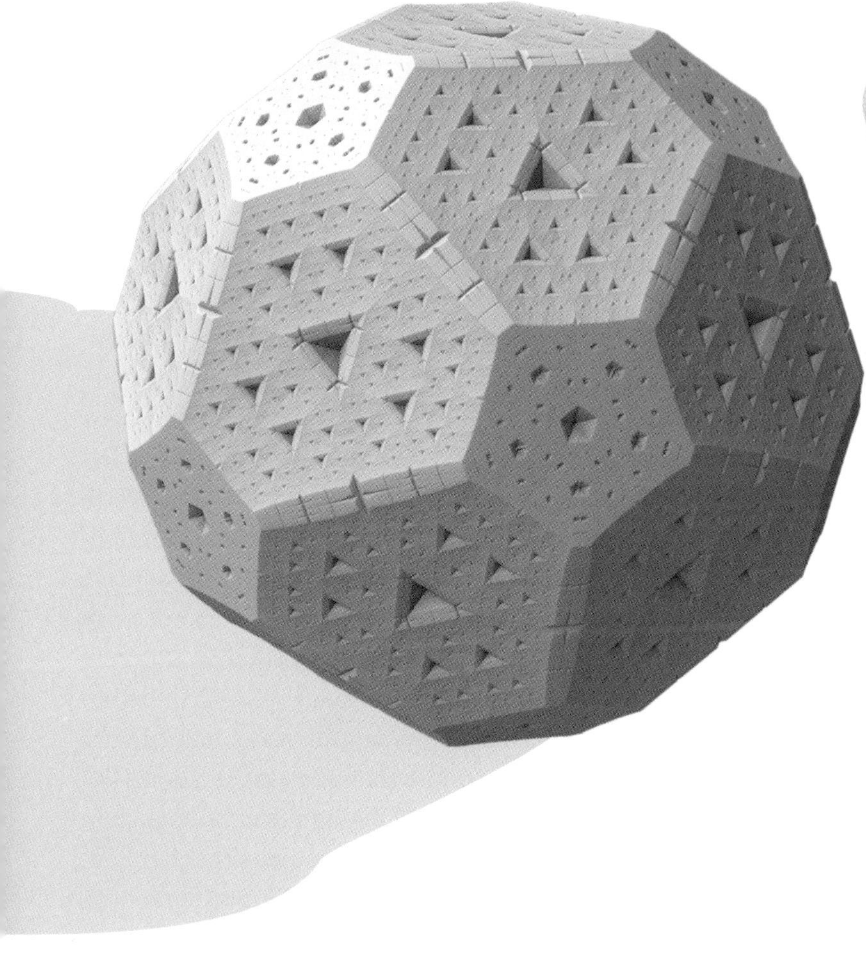

Der Krieger – wehre dich

»Du wirst lernen, dich abzugrenzen, wehrhaft zu sein! Nur so bist du anderen eine Stütze, ein wahrhafter Krieger!«

Die Besuche in Tierra Santa wurden mit jedem Mal anstrengender. Meine Tage gerieten durcheinander, und ich sehnte mich nach einer längeren Pause, die mir Don Esteban aber sicher nicht gönnen würde. Die Erkundung der einzelnen Urstrukturen nahm viel Zeit in Anspruch, und parallel dazu hatte ich einen vollen Terminkalender mit Behandlungen, Seminaren und Vorträgen. Mehr als einmal begann ich in alles infrage zu stellen und hatte etwas Angst vor dem, was noch auf mich zukommen würde. Aber mein Lehrer ließ mir kaum Zeit zum Durchatmen, und ich war mir sicher, dass er seine Gründe haben würde. Zudem schien alles miteinander verwoben zu sein. Ich erkannte langsam die Zusammenhänge zwischen den Themen, die ich zu bearbeiten hatte, und meinem ganz alltäglichen Leben. So kam die Urstruktur Krieger genau zur rechten Zeit, einer Zeit, die viel mit Abgrenzung, positivem Kampf und dem Erreichen neuer Ziele zu tun hatte. Wenn ich am Computer saß und die Strukturen in Bilder zu wandeln versuchte, wurde mir klar, dass ich nicht nur über Tinatlán schrieb, sondern über meine ganz persönliche Entwicklung. Mir wurde klar, dass es einen übergeordneten Plan für mich gab, etwas, was mich in meinem Innersten berühren und verändern sollte. Es war eine jener Nächte, in denen ich zunächst keinen Schlaf fand. Ich lag wach und versuchte, in meine Mitte zu atmen, zur Ruhe zu kommen, und hoffte auf ein sanftes Hinübergleiten in einen Schlaf ohne Träume. Aber mein Hoffen war vergebens. Die Dunkelheit des Zimmers wandelte sich in eine andere Dunkelheit, die ich als bedrohlich empfand. Ich wusste, dass ich wieder in Tierra Santa war. Vor mir glaubte ich, sich bewegende Schatten zu sehen. Ich stand still, wagte kaum zu atmen und hoffte auf einen Hinweis Don Estebans darauf, was zu tun sei. Plötzlich hörte ich im Dunkel Stimmen weit hinter mir. Das war seltsam, weil sich mir Tierra Santa meist ohne andere Wesen zeigte. Die Stimmen kamen näher. Ich drehte mich ihnen zu, um mich, worauf auch immer, vorbereiten zu können, und weitete meinen Energiekörper. Nun kamen andere Stimmen hinzu, von allen Seiten, wie die Wellen des Meeres. Sie wurden lauter und schwollen zu einem wahren Getöse an. Ein vielstimmiges Rauschen umgab mich. Ich spürte Aggression in dieser Flut aus Tönen, die mit jeder Welle immer näher brandete und heftiger wurde. Die Schatten wurden klarer, ich erkannte Umrisse, einzelne Gestalten, die sich meiner Position entgegenwarfen. Jeder Ansturm bedrängte mich und schuf eine elende Enge in meinem Brustkorb. Der Lärm wurde ohrenbetäubend. »Sei ein Krieger! Grenze dich ab!« Es war Don Estebans Stimme, die klar wie Glas durch den Lärm drang. Ich nahm alle Kraft zusammen und versuchte, mich nicht auf die Schatten und die Geräusche zu konzentrieren, sondern auf meine Mitte, vier Finger unter meinem Bauchnabel. »Erinnere dich an das, was ich dir beigebracht habe.« Ich versuchte, mehr Energie in meine Mitte zu atmen, und führte zugleich Schläge in alle Richtungen aus. »Gut so! Weiter so!«, drang es aus der Dunkelheit, die sich zu lichten begann. Mit jedem energetischen Schlag, die Hand zur Kralle geformt (dies kannst du in meinem Buch »Tierra Santa« nachschlagen), wich die Dunkelheit, und die Gestalten um mich herum taumelten zurück. Plötzlich fühlte ich eine Art Überlegenheit in mir. Ich wusste, dass ich siegen würde und dass ich das Licht in meine Welt bringen könnte. Dieses Gefühl wuchs mit jedem Schlag, mit jedem Atemzug. Gerade als ich Gefallen an dieser Veränderung fand, blitzte es hell auf, und ich stand vor der Mauer Tinatláns. Meine Schläge gingen ins Leere. Überrascht von der Wucht des eigenen Schlages, taumelte ich und stürzte in den heißen Sand. »Na, komm schon, steh auf!« Don Esteban lachte. »Erinnere dich daran, was du eben noch gefühlt hast, und mach dich auf die Suche nach deiner Kriegerstruktur.« Ich erhob mich mühsam. »Warum machst du es mir immer so schwer, Don Esteban?«, fragte ich ihn. Er stand lässig gegen die Mauer gelehnt und deutet mit dem Kopf in Richtung des Portals. »Weil du es sonst nicht verstehen würdest, mein Freund! Und im Übrigen: Du hast gar keine Ahnung, was wirklich schwer ist!« Ich wusste, dass er wie immer recht hatte und ich mir Fragen dieser Art in Zukunft wohl sparen konnte. »Tinatlán wartet auf dich, dein Krieger wartet auf dich.« Ich nickte ihm zu und betrat die Stadt. Wieder führte mich meine Intuition. Ich überquerte den großen Platz, vorbei an den Tempeln, die ich bereits besucht hatte. Auch sie zogen mich an, weil meine Strukturen in Resonanz gerieten. Die Versuchung war groß mich dem Wasser, der Luft oder dem Feuer hinzugeben. Aber es war mein Auftrag, mich der Urstruktur des Kriegers zu nähern, und wenn ich eines in all den Jahren, seit ich Don Esteban begegnet war, gelernt hatte, dann, dass es gut war, auf seinen Rat zu hören und keine Extratouren zu unternehmen! Ich fühlte ein leichtes Ziehen und Vibrieren in meiner Brust und stand endlich vor dem nächsten Tor. Ich atmete durch, trat ein und war zunächst geblendet. Alles in diesem Raum erinnerte mich an die Märchen von gewaltigen Schätzen aus reinem Gold. So musste es sein, wenn man einen dieser Schätze fand. In feinen Adern an Decke und Wänden strömte pulsierendes Licht wie flüssiges Edelmetall. Ich berührte die Wände, und mein Herzschlag übertrug sich auf das Licht. Alles Licht, alles Gold strömte einem Zentrum zu, wie in den anderen Räumen auch. Aber dieses Zentrum hatte etwas von einer goldenen Schwere, die etwas Edles, etwas Absolutes, etwas, das rein und ohne Makel war, beherbergen musste. Das goldene Licht drang auch in mich und ließ Gefühle in mir entstehen, die ich niemals werde beschreiben können. Mitten im Raum trug ein gut 1,5 Meter hoher Sockel, der aus so etwas wie Granit zu bestehen schien, eine Struktur, die ich nur mit dem Wort »absolut« beschreiben kann. Sie war dynamisch und statisch zugleich, organisch und metallisch, schwer und leicht. Ich näherte mich ihr, und sie begann, in Schwingung zu geraten, ebenso wie die Kriegerstruktur in mir. Ich war kurz versucht, sie von ihrem Platz und mit zu mir nach Hause zu nehmen, wohl wissend, dass dies nicht möglich war. Aber es war ein unglaublich starker Drang in mir, sie zu besitzen. Plötzlich hörte ich Don Estebans Stimme: »Du trägst die Struktur bereits in dir! Vergiss das nicht, und gib nicht einer alten Prägung nach.« Er hatte recht! Ich war nicht Indiana Jones oder irgendein Grabräuber, dem das Geraubte ohnehin nur Pech und Verfolgung bringen würde. Und ja, die Struktur war in mir! Es ging um Resonanz! Also schloss ich die Augen, befreite mich mit einem tiefen Atemzug von der Vorstellung, etwas, was ich nicht besitzen konnte, besitzen zu müssen. Ich atmete in meine Mitte und fühlte, wie etwas in mir erwachte. Ein Gefühl der Überlegenheit, die nichts mit Überheblichkeit zu tun hatte. Ich fühlte mich frei, sicher, absolut unantastbar. Ich war ein Krieger! Ein kultivierter Krieger, der sich abzugrenzen und zu behaupten wusste, der fähig war, Grenzen zu ziehen, aber auch die Kraft hatte, andere zu beschützen. Ich wusste, wie man um die richtigen Dinge kämpfte, ohne dabei andere zu verletzen – mit Freude und Hingabe, mit Liebe und der absoluten Gewissheit, den Sieg mit niemandem teilen zu müssen. Der Krieger war in mir, war ich selbst, und es galt, diese Urstruktur wieder zu wecken, zu pflegen und zu verfeinern. Was für ein Auftrag! Was für eine Chance!

Was geschehen wird:

Du wirst dich besser abgrenzen können. Du wirst mutiger werden, klarer in deinen Handlungen und Worten. Du wirst dich für andere einsetzen können, ohne dabei zu bevormunden. Dein Handeln wird wie deine Entscheidungen absolut sein und keinen Zweifel zulassen. Deine Liebe wird vollkommener sein, stärker und absoluter als je zuvor. Du wirst den Unterschied zwischen Emotionen und echten Gefühlen erfahren.

Krieger

»Der Krieger steckt in jedem von euch! Er ist stark und mutig, beschützt und weiß, sich abzugrenzen. Aber all das tut er mit Liebe,
ohne zu zerstören, ohne zu verletzen,
ohne Ehrgeiz und Egoismus!«

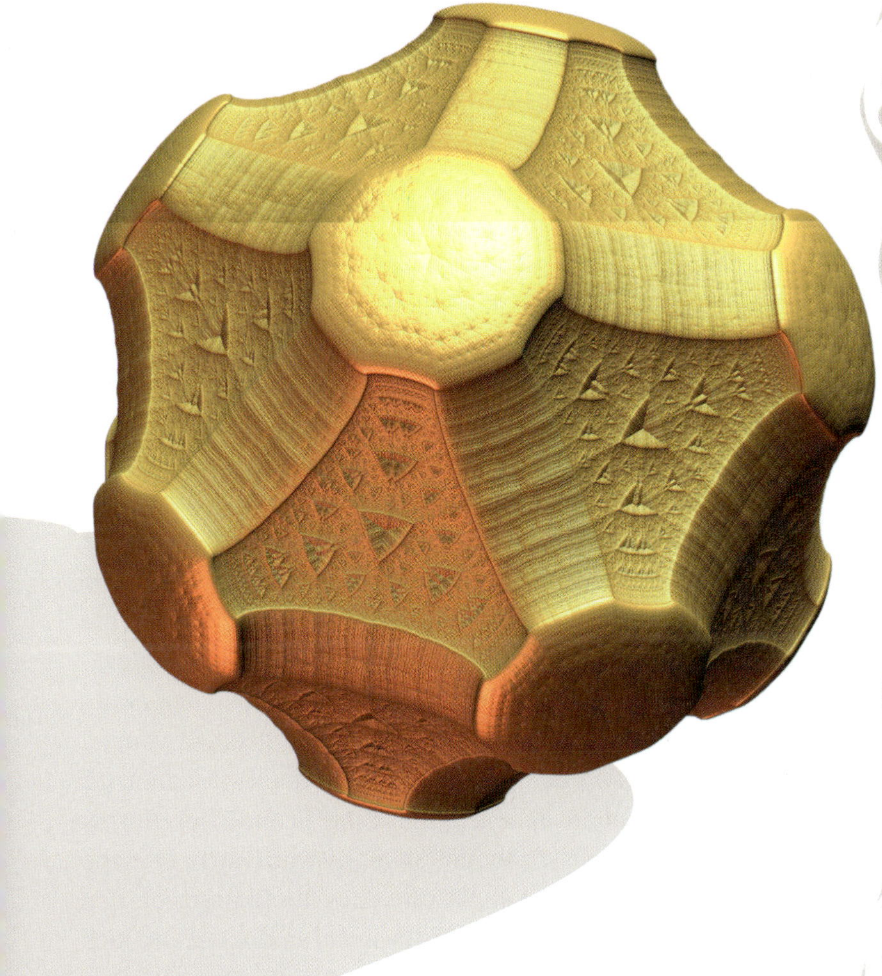

Jäger – folge dir selbst

»Du musst lernen, in Bewegung zu bleiben und deiner eigenen Fährte zu folgen!«

Ich folgte einer Fährte, lange schon. Und sie hatte mich bis nach Tinatlán geführt. Ohne zu wissen, was noch alles auf mich zukommen würde, blieb ich in Bewegung. Alles war in positiver Veränderung begriffen, und die Begegnung mit meiner Jägerurstruktur sollte meine Entwicklung noch einmal beschleunigen. Entgegen meiner Erwartung hatte mir mein Lehrer einige Nächte Pause beschert. Ich genoss den Schlaf und nutzte die Zeit, um all die Dinge zu tun, die liegen geblieben waren. Da war die Arbeit am Haus, das Sortieren meiner Notizen und die Arbeit an meinem Energiekörper. Alles in allem war ich glücklich darüber, bisher so gut durchgehalten zu haben. Ich ahnte aber, dass die Pause auch als Erholung dafür gedacht war, all dem, was noch kommen würde, entsprechend begegnen zu können. Don Esteban handelte nie ohne Grund! Der Herbst zeigte sich von seiner schönsten Seite. Es war warm, beinahe spätsommerlich. Ein sanfter Wind wehte die Blätter von den Bäumen, und die Rehe kamen bis in unseren Garten, um sich die Äpfel zu holen, die wir nicht eingesammelt hatten. Die Natur veränderte sich mit jedem Tag. Alles war in Bewegung, ein ewiger Tanz, ein Kreislauf, in den auch ich eingebunden war. Die Arbeit mit jenen Urstrukturen, die ich bisher entdeckt hatte, machte sich bezahlt – mein Erleben war intensiver, direkter und schöner geworden. Es schien mir, als hätte sich meine Wahrnehmung von normal auf »hoch auflösend« umgestellt. Dann war es wieder so weit, dass Don Esteban mich zu sich holte. Doch dieses Mal hatte sich auch in dieser Hinsicht vieles geändert. Der Übergang nach Tierra Santa war sanfter. Kein Schock für mich und meine Wahrnehmung, sondern eher ein angenehmes Hinübergleiten in eine, wenngleich andere, doch mittlerweile vertraute Welt. Ich genoss die Ankunft in der Wüste und war bereit, wieder ein Stück weiterzugehen. »Heute besuchen wir jemanden, den du schon kennst!« Mit diesen Worten empfing mich mein Lehrer, breit grinsend und mit blitzenden Augen. Er schritt, ohne auf meine Antwort zu warten, zügig voran. Ich folgte ihm, bedacht darauf, nicht zurückzufallen. Noch immer bewegten wir uns in Tierra Santa zu Fuß, ganz so wie im »richtigen Leben«. Aber ich war mir aufgrund meiner früheren Erlebnisse sicher, dass dies nur eine Möglichkeit der Fortbewegung war. Don Esteban hätte mich in kürzester Zeit überall hinbringen können. Ich ahnte, dass das Gehen zu seinem Plan gehörte, vermutlich um meinem Verstand keine Gelegenheit zu geben, dies alles als Traum abzutun. Alles, was ich physisch empfand, verstand auch mein Geist als real, als echt, als absolute Realität. Wir erreichten eine sanfte Düne, hinter der zunächst ein paar armselige, trockene Büsche wuchsen. Bald schon ging der Sand in feines Geröll mit mannshohem, scharfblättrigem Gras über, ähnlich dem, welches ich aus dem Regenwald Ecuadors kannte. Kurz darauf befanden wir uns in einem kühlen, dichten Wald. Wir folgten einem schmalen Pfad, dann gingen wir einen Hügel hinauf, an einem Wasserlauf entlang und schließlich gelangten wir an eine Stelle, die mir sehr bekannt vorkam. Noch tat ich mich schwer, diesen Ort einem anderen aus meiner Erinnerung zuzuordnen. Etwas in mir sträubte sich gegen diese Verbindung! »Nun hab dich nicht so!«, nörgelte Don Esteban. »Denk zurück, und wehr dich nicht dagegen. Zeit ist nur eine Illusion!« Tatsächlich! Ich war wieder in Ecuador! Damals, 1998, aber zugleich auch jetzt. Alles in mir erinnerte sich. Die Gerüche und Geräusche! Der Regenwald, wenn die Dämmerung kam. Wenn der Himmel blutrot und violett aufflammte, um einer Nacht voller Augen und Töne Raum zu geben. Ich genoss den Augenblick, der sich wie die Ankunft nach einer langen und beschwerlichen Reise anfühlte, und vergaß Don Esteban und Tierra Santa. Aber mein Lehrer holte mich rasch zurück. »Hier ist jemand, den du länger nicht mehr besucht hast!« Ich drehte mich in Richtung seiner Stimme und sah mich einem schwarzen Jaguar gegenüber, meinem Krafttier, das mich schon so viele Jahre begleitete. Ich fühlte mich schuldig, weil mir in diesem Moment klar wurde, dass ich den Kontakt zu ihm in den letzten Monaten ziemlich vernachlässigt hatte. Zu sehr war ich mit all den anderen Dingen um mich herum und in mir beschäftigt gewesen. Es tat weh, das zu erkennen! Der Jaguar stand zur Linken Don Estebans und schmiegte sich an seine Beine, während dieser ihm den Nacken kraulte. Plötzlich hatte ich Angst, mein Krafttier, meinen Verbündeten, der mir so viel geholfen hatte, verloren zu haben. Der Schmerz, der in mir aufstieg, war scharf und klar. Irgendetwas in mir drohte zu zerbrechen. Aber bevor dies geschehen konnte, schalt mich Don Esteban mit lauter Stimme. »Hör auf zu flennen! Dafür bist du nicht hier! Das, was da flennt, das bist doch nicht du, sondern nur ein paar alte Prägungen, die du dir eingefangen hast!« Ich versuchte, mich zusammenzunehmen, aber es wollte mir nicht recht gelingen. »Waschweib! Memme! Du enttäuschst mich!« Ich wandte mich ab und geriet in Wut.

»Jammerlappen! Baby!« Das war zu viel! Wütend drehte ich mich Don Esteban zu, um ihm etwas Entsprechendes entgegenzuschmettern. Ich sah noch, wie mein Jaguar zu ihm aufblickte, und er dem Tier zunickte. Dann schoss der Jaguar auf mich zu, ganz so wie damals bei unserem ersten Zusammentreffen in einem Traum, der eigentlich keiner gewesen war. Ich spürte die Wucht seines Aufschlages, roch ihn, fühlte seine Hitze, schmeckte das Blut und fand mich einen Augenblick später in Tinatlán wieder. Da war Don Estebans Stimme »Du musst den Jäger in dir finden, erst dann ergibt alles einen Sinn!« Ich brauchte einige Zeit, um mich zu orientieren. Wieder suchte ich nicht bewusst nach der Urstruktur des Jägers, so, wie mein Lehrer es mir aufgetragen hatte, sondern ließ mich, noch etwas verwirrt und wackelig auf den Beinen, führen. Der Raum, den ich fand, öffnete sich mir wie eine Höhle. Ein Ort, der keine Gefahr verströmte, sondern konzentrierte Kraft. Wände und Decke hatten etwas Knöchernes an sich. Seltsame Ornamente, die sich, nicht ohne einer gewissen Regel zu folgen, über alles erstreckten, was meine Augen wahrzunehmen imstande waren. Die Linien an den Wänden waren wie Pfade, die sich kreuzten, an bestimmten Stellen bündelten, um wieder in alle Richtungen auseinanderzustreben. Die Ordnung in allem erschloss sich mir nicht sofort, aber instinktiv ahnte ich, dass es sie gab. Alles war in Bewegung, selbst die Wege, in denen milchiges Licht strömte, wechselten die Positionen. Ich trat tiefer in den Raum, und der Raum reagierte als Ganzes auf mich. Wie ein lebendiges Wesen, etwas Organisches, das sich meiner Anwesenheit gewahr wurde. Auch dieser Raum nahm meinen Herzschlag an. Ich erkannte einen Zusammenhang zwischen den Lichtbahnen an Wände und Decke und meinem eigenen energetischen System! Mir schien, es gab eine Entsprechung zu den Meridianen! Ich folgte einigen der pulsierenden Linien und wurde selbst zu einer dieser seltsamen Bahnen. »Reiß dich los! Du hast später genug Zeit, dir das alles anzusehen!« Wieder war es mein Lehrer, der mich davor bewahrte, mich in all dem Wunderbaren zu verlieren. Ich dankte ihm still und strebte der Mitte des Raumes zu. Wie in den anderen Räumen auch fand ich die Urstruktur auf einer Säule. Aber nicht ruhend, sondern sich um sich selbst drehend. Ständig in Expansion und Reduktion, Größe und Richtung ändernd. Ich war fasziniert von den seltsam knöchernen Formen der Jägerstruktur. Sie war uralt, alt wie der Mensch selbst, vermutlich sogar noch älter! Ich erkannte in dieser Struktur vor allem Bewegung und Neugierde – die Eigenschaften des kultivierten Jägers. Die Pirsch, die Suche wiegt schwerer als die Jagd selbst! Das Folgen der Fährte, das Ergründen des Unbekannten und die Bewegung sind der eigentliche Vorzug des Jägers! Diese Struktur ist auch ursächlich für unseren Forscherdrang! Sie ist die Voraussetzung für Entdeckung und sie ist das, was den Kindern noch natürlich ist: Neugierde! Ich spürte die beginnende Resonanz in mir, das Erwachen wie aus tiefem Schlaf, ein Drang, mich selbst zu entdecken und zu befreien, und ein neues Verständnis für übergeordnete Zusammenhänge. Die Grundstruktur Jäger in mir geriet in Resonanz, und so geriet ich in Bewegung und folgte einer neuen Fährte zu mir selbst.

Was geschehen wird:

Deine Ausdauer wird sich verbessern. Du wirst wieder fähig sein, einer Sache zu folgen. Du wirst genauer hinsehen und vieles entdecken, was dir zuvor entgangen ist. Die Natur wird dir nahe sein und sie wird sich dir auf neuen Wegen mitteilen. Deine Ängste werden schwinden, weil du Jäger und nicht mehr Gejagter bist. Es werden sich neue Wege und neue Verbindungen ergeben. Du wirst gelassener werden und lernen, deine Kraft auf lange Sicht einzusetzen. Du wirst neue Wege zu deinem Selbst und den Herzen der Menschen finden.

Jäger

*»Der Jäger in dir hilft dir,
einer Fährte zu folgen, dranzubleiben,
nicht aufzugeben und zu genießen,
dass du nicht weißt, was kommt!«*

Sammler – suche und finde

»Wähle gut aus, höre auf dein Herz, und belaste dich nicht mit unnützen Dingen!«

Die Urstruktur des Jägers hatte mir wirklich einen Schub gegeben! Vieles war mir nun klarer, und ich wagte schon, ein wenig darüber nachzudenken, wie alle Strukturen zueinander in Beziehung standen. Aber, gemahnt durch Don Esteban, wollte ich nichts überstürzen und hielt mein Ego an der kurzen Leine. Dies war nötig, denn meine Gedanken waren den Ereignissen schon allzu oft einen Schritt voraus gewesen. Dies hatte dann meist zu dem geführt, wovor mich Don Esteban in seiner unvergleichlichen Art immer wieder gewarnt hatte: »Wenn du unbedingt auf die Nase fallen willst, kannst du das natürlich tun. Aber erwarte nicht, dass ich dich auffange!« Also versuchte ich, mich in Geduld zu üben. Was angesichts einer neuen Pause, die mir mein Lehrer gewährte, nicht ganz leicht fiel. Diese Pause dehnte sich über mehr als einen Monat, doch ich hatte nun Zeit, alles aufzuschreiben. Doch irgendwann begann ich, die Zeit totzuschlagen, obwohl klar war, was geschehen würde: Am Ende würde sie mir davonlaufen! Natürlich war mir klar, dass Don Esteban mich wieder zu sich nach Tierra Santa holen und es etwas Kritik hageln würde. Aber auch ich hatte ein Recht auf ein wenig Ruhe und Zerstreuung! So dachte ich, und so war es schließlich auch. Bis auf den Unterschied, dass die Standpauke ausfiel, zunächst jedenfalls. Als ich mich eines frühen Morgens, nach einer größtenteils durchwachten Nacht in Tierra Santa wiederfand, fand ich echte Freude an der Vorstellung, dass es nun endlich weitergehen würde! Ich freute mich ehrlich auf Don Esteban und seine Predigt, vor allem aber auf Tinatlán. Und war neugierig, welche Urstruktur er diesmal für mich vorgesehen hatte. Aber zunächst geschah erst einmal gar nichts! Ich stand am vertrauten Platz in greller Sonne und sah nichts um mich herum, als die Wüste, den strahlenden Himmel, ein paar Skelette von Kakteen, über den Sand huschende Eidechsen. Kein Don Esteban, keine Stimme, kein Ton, nichts, nada, null. Es gab auch keinerlei Spuren, die ich, immerhin jetzt mit gut trainierter Jägerstruktur, hätte deuten können. Ich war enttäuscht und wünschte mich zurück in mein Bett, in den Schlaf. Aber selbstständig aus Tierra Santa zurück in meine Welt zu kommen, das wollte mir noch immer nicht gelingen! Er hatte mich hierher gebracht, und es gab immer einen Sinn in dem, was er tat. Ich brauchte nicht nach ihm zu rufen, denn er wollte offenbar, dass ich allein war, um mir irgendwelche Fragen zu stellen und zu irgendeiner wichtigen Erkenntnis zu kommen. Dann würde er auftauchen und alles wäre gut. Aber außer, dass ich allein war, gab es nicht wirklich viel zu erkennen. Das Einzige, was mir blieb, war, in Bewegung zu kommen. Also ging ich los, in irgendeine Richtung. Es schien egal, welchen Weg ich einschlug. Plötzlich glaubte ich, die Mauern Tinatláns zu erkennen. Schillernd von der Hitze war dort wirklich etwas, was in seiner Natur nicht hierher passte. Ich ging näher und erreichte enttäuscht nur eine niedrige Mauer, halb von Sand zugeweht. Tinatlán war das nicht. Aber auch hier gab es einen Zugang! Halb verschüttet öffnete sich ein schmaler Eingang, der nach unten führte. Ich folgte dem Gang, und als das Licht vom Eingang her schwächer wurde, tastete ich mich an den Wänden entlang weiter. Schließlich gelangte ich in eine Kammer, die von oben beleuchtet war. Ich fühlte mich wie Ali Baba in seiner Höhle voller Schätze! Alles war hier zu finden! Trommeln und Rasseln, Gefäße aus Kristall, wunderbare Messer, bunte Tücher, wie ich sie aus Ecuador kannte. Hier fand ich all die Dinge, die ich so gern besitzen wollte! Und ich fand auch all jene Sachen, die ich auf meinen Reisen an Marktständen in den Händen gehalten und dann doch nicht erworben hatte, weil sie zu teuer oder einfach nur zu groß gewesen waren, um sie mitzunehmen. In mir sprang etwas an, eine alte Prägung, die mich aufforderte: »Nimm mit, was du tragen kannst!« Obwohl mir irgendwie bewusst war, dass ich diese wunderbaren Dinge nicht in meine »alltägliche« Welt mitzunehmen imstande war, musste ich einfach zugreifen! Dieses Haben-Wollen war ungemein stark, wie ein Zwang, der aus der Angst entsprang, zu wenig zu haben. Genau genommen war es eine Art Angst, eine Verschiebung meiner Mitte hin zum Angstzentrum, die mich so denken und handeln ließ. Ich redete mir ein, dass dies sicher eine Prüfung Don Estebans war. Sie sollte darin bestehen, möglichst viele dieser Schätze ans Tageslicht zu bringen. Was für ein Irrtum! Aber der Drang in mir war stärker, und so sammelte ich ein, was ich tragen konnte, und brachte alles unter vielen Mühen zum Ausgang. Dort legte ich meine Beute in die gleißende Sonne, um gleich wieder in die Kammer hinabzusteigen. Immer wieder kam ich ans Licht und tauchte erneut in das Dunkel der Schatzkammer ein. Aber mit jedem Mal schien mir der Weg weiter, die Dinge, die ich zusammen raffte, schwerer zu werden. Und schlimmer noch, draußen, im Licht des Tages hatten die Gefäße an Glanz, die Trommeln an Schönheit und die Messer an Schärfe verloren. Alles schien sich im Lichte der Wahrheit zu wandeln. Alles verlor, wurde matt, begann zu zerfallen, so, als ob es im Licht der Sonne nicht bestehen konnte. Ich stand vor einem Haufen sich auflösender Schätze! Mir tat es in der Seele weh, all diese wunderbaren Dinge sterben zu sehen, und ich spielte mit dem Gedanken, sie rasch wieder ins rettende Dunkel zurückzubringen. Aber es war zu spät! Ich nahm eine wunderschöne Rahmentrommel, und noch auf dem Weg zum Eingang zerfiel sie in meinen Händen zu Asche und Staub! Was hatte ich getan! War da wirklich so viel Gier in mir? Draußen sank ich neben dem Haufen, der jetzt einer Müllhalde glich, auf die Knie. »Wenn der Sammler nicht kultiviert ist, wird er gierig!« Es war Don Esteban, der sich neben mir niedergelassen hatte und ein wenig traurig auf die Ansammlung von Schutt und Rost vor mir blickte. »Mach dir nichts draus«, sprach er tröstend auf mich ein. »Es sind nur endliche Dinge, nichts von Bestand!« Ich nickte und fühlte mich ein wenig wohler bei dem Gedanken daran, dass die wunderbaren Dinge, die nunmehr Staub und Asche waren, nur als Werkzeuge gedient hatten, um mir etwas beizubringen, und ich keinen echten Schaden angerichtet hatte. »Mach dich nun auf die Suche nach deiner Urstruktur des Sammlers! Jetzt weißt du, worum es geht und wie gefährdet du bist, zu dem zu werden, was ihr ›Messie‹ nennt.« Ich sah mich unsicher um. »Wo ist der Eingang nach Tinatlán, Don Esteban?« Er lachte trocken. »Nirgends, mein Freund, du bist schon mittendrin.« Er hatte recht, wie immer. Die Situation hatte sich grundlegend verändert. Der Eingang, durch den ich in die dunkle Schatzkammer gelangt war, hatte sich zum Eingang in den nächsten Tempel, zu meiner nächsten Urstruktur verwandelt, und Don Esteban war fort. Am steinernen Boden verwehte ein warmer Wind den Staub meiner Schätze. Ich atmete in meine Mitte und versuchte, keinen Gedanken mehr an die Dinge zu verschwenden, die ich eben noch gierig an mich gerafft hatte. Dann trat ich ein und fand mich schließlich vor einer seltsamen Struktur wieder. Einer Struktur, die ich zunächst nicht mit dem Wort »Sammler« in Verbindung bringen konnte, weil sie mir zu glatt, zu symmetrisch schien. Meine Prägung hätte etwas Ausschweifendes, Überladenes erwartet. Aber diese Urstruktur war perfekt und in Harmonie, weil sie nur das beinhaltete, was wirklich zu ihr gehörte. Als meine eigene Urstruktur mit leichtem Vibrieren in Resonanz ging, fühlte ich etwas ganz anderes als das, was ich erwartet hatte! Da war kein Haben-Wollen oder »Besitzen«, sondern ein Gefühl der Genügsamkeit und ein wachsendes Bewusstsein dafür, dass ich nur das brauchte, was wirklich zu mir gehörte, um aus einem gefährlichen Mangelbewusstsein in ein Bewusstsein der Fülle, ja, des Überschusses zu gelangen! Und ich genügte mir selbst! Vieles würde sich nun ändern, und ich wusste, dass ich ab nun Dinge besitzen würde, ohne emotional von ihnen abhängig zu sein! Frei und immer mit dem ausgestattet, was nötig war, um glücklich zu sein!

Was geschehen wird:

Du wirst genügsamer, zufriedener und glücklicher mit dem, was du hast. Du beginnst, nach den richtigen und wichtigen Dingen zu suchen. Das, was du hast, gewinnt an ideellem Wert. Neid und Gier werden sich in ein Bewusstsein der Fülle wandeln. Du wirst nichts mehr horten und nur nach jenen Dingen streben, die dir als echtes Werkzeug dienen. Du erreichst emotionale Unabhängigkeit von den Dingen. Dein Umgang mit Geld wird sich positiv verändern.

Sammler

»Du suchst und findest das, was du
wirklich brauchst!
Du überlädst dich nie
und hältst dein Lager sauber!
Du gibst auch denen,
die Mangel leiden, aber vergisst nie,
zuerst auf dich selbst zu achten!«

Mensch – werde, was du bist

»Zuerst musst du wissen, welcher Art du zugehörig bist, erst dann kannst du beginnen, auch alles andere zu sein!«

»Wer bist du?« Diese Frage fürchtete ich, weil ich keine Antwort wusste. Alles, was ich als Antwort zustande brachte, war letztlich nur eine Aufzählung der Dinge, die ich getan hatte oder tun wollte. Es war eine Beschreibung, eine Ansammlung von Daten und Fakten, aber auch nicht mehr. Diese Sammlung wuchs von Jahr zu Jahr, aber ohne dass sie aussagekräftiger wurde. Es war nur die persönliche Historie, nicht mehr und nicht weniger. Mir war bewusst, dass es fast allen so ging. Ich ahnte, dass Don Esteban mir irgendwann wieder diese Frage stellen würde. Mit einem verschlagenen Lächeln im uralten Gesicht und in verschwörerischem Tonfall. Manchmal schien es mir, als würde es ihm Spaß machen, mich zu quälen. Aber mir war ebenso klar, dass alles, was er tat, einen Sinn hatte und mir letztlich helfen würde, wieder einen Schritt weiterzukommen. Und tatsächlich dauerte es nach meiner Begegnung mit meiner Urstruktur Sammler nicht lange, bis er mir diese Frage stellte! Einige Tage und Nächte waren vergangen, ohne dass er mich zu sich nach Tierra Santa geholt hatte. Ich nutzte die Zeit zum Schreiben und dazu, alles, was wieder an neuer Erkenntnis hinzugekommen war, sacken zu lassen. Ich war dankbar für diese Auszeit. Doch eines Morgens standen wir auf einem kleinen Hügel mit Blick auf die Stadt. Wir waren schon einige Male hier gewesen, aber ich glaubte, mich dran zu erinnern, hier noch nie zuvor Felsen gesehen zu haben. Don Esteban schuf seine Welt ganz nach Belieben oder eben danach, was ich im Moment brauchte. Er hatte mein Erstaunen bemerkt und meinte fröhlich: »Na setz dich doch! Ich hab mir solche Mühe gegeben, die Dinger für dich hier hochzuschleppen!« Er meinte die Felsen und lachte dazu. Ich wusste, dass es ihn keine Anstrengung kostete, die Welt hier so zu verändern, wie er es gerade brauchte. Also setzte ich mich. Der raue Stein war noch warm von der Sonne, die jetzt blutrot über der Wüste flammte. Mein Lehrer setzte sich mir gegenüber, den Kopf gesenkt und den Hut gegen das Licht tief ins Gesicht gezogen. »Erinnerst du dich daran, wie wir uns in Mexiko City zum ersten Mal begegnet sind?« Natürlich! Wie konnte ich das jemals vergessen! »Was hat dich damals am meisten an dieser Begegnung erschreckt?« Er blickte mich direkt an, mit diesen seltsamen Augen, deren Farbe ich nie einordnen konnte. Ich fühlte mich etwas unbehaglich, weil ich nicht wusste, wie ich meine Antwort formulieren sollte, ohne ihn zu beleidigen. »Na, sag schon, ich beiße nicht! Das solltest du mittlerweile wissen!« Er lachte. Ich überwand meine Zweifel. »Dein Körper hat keinen Schatten geworfen«, antwortete ich wahrheitsgemäß. Aber das war offenbar nicht das, was er hören wollte. »Was noch?«, bohrte er nach. Ich hatte dieses Thema eigentlich immer vermeiden wollen, aber er ließ nicht locker. »Zier dich nicht wie ein Schuljunge, der Angst vor einer schlechten Note hat!« Es war erstaunlich, wie er immer den Nagel auf den Kopf traf und stets meine Prägungen erwischte, wenn sie kurz aufflackerten. Wieder eine Sache, an der ich zu arbeiten hatte! Ich überwand mich und blickte ihm direkt in die Augen. »Du warst, ähmmm, du bist kein Mensch! Aber du siehst wie ein solcher aus!« Er lachte amüsiert. »Und ich werfe keinen Schatten!« Ich lachte etwas unsicher mit. »Was bin ich deiner Meinung nach also?« Ich wusste nicht, was ich antworten sollte, und murmelte, um Zeit zu gewinnen, Unverständliches vor mich hin. Er kam mir entgegen und meinte lakonisch: »Ich bin alles, was ich sein will! Der Sand, die Wüste, der Felsen, auf dem du sitzt, die Sonne über dir oder die Nacht, die bald hereinbrechen wird. Auch in deiner Welt kann ich alles sein!« Diese Antwort erschien mir auf gewisse Weise schlüssig, aber ich hatte das so von ihm noch nie gehört. »Und was bist du?«, wollte er wissen, ohne den Blick von mir abzuwenden. Ich begann wieder mit der üblichen Aufzählung meiner Geschichte. Aber er winkte sofort und bestimmt ab. »Hör auf mit dem Mist! Das, was du da erzählst, ist nur verdaute Zeit!« Ich verstummte. »Ihr habt die merkwürdige Angewohnheit, immer nur über eure Vergangenheit zu reden oder über etwas, was meilenweit von euch entfernt liegt!« Ich wusste, was er meinte, und versuchte einen neuen Anlauf mit etwas Naheliegenderem. »Ich bin ein Mensch!« Das schien zumindest in die richtige Richtung zu gehen. Er lächelte. »Siehst du, es geht doch!« Aber was an dieser Erkenntnis so grandios sein sollte, erschloss sich mir zunächst nicht. »Das ist das Wichtigste! Das ist deine vordringlichste Urstruktur! Sie ist deine Sicherheit! Dein sicherer Hafen, wenn du so willst! Ohne diese Struktur bist du nichts, weder Mensch noch Stein, noch Tier oder Pflanze! Erst wenn du diese Struktur erfährst, kannst du dich aufmachen, so wie ich, zu allem zu werden, was du willst!« Ich begann, zu begreifen, was er meinte. »Aber warum sollte ein Mensch ein Tier oder eine Pflanze oder was auch immer sein wollen, Don Esteban?« Er stand auf, wandte mir den Rücken zu und blickte in die untergehende Sonne. »Du willst wissen, was das bringt? Nun, die Antwort wird dir vielleicht sogar gefallen, also pass gut auf.« Er drehte sich zu mir und blickte mich ernst an. »Weil es erstens in euren Möglichkeiten liegt! Zweitens, weil es euch das Leben als Mensch leichter macht, und drittens, weil es das Einzige ist, was wirkliche Freiheit bedeutet!« Ich erinnerte mich an damals im ecuadorianischen Regenwald, als ich zu meinem Krafttier wurde und diese Kraft und Freiheit bis in die kleinste Zelle meines Körpers spüren durfte. Da verstand ich, was er meinte! »Na los, ich bringe dich in die Stadt, finde deine Urstruktur und werde erst mal Mensch. Dann sehen wir weiter.« In Tinatlán fand ich rasch, wonach ich suchte. Alles an mir wollte zur Urstruktur Mensch. Noch nie zuvor hatte ich so schnell den richtigen Tempel gefunden, und noch nie waren mir die Strukturen an den Wänden, die Zeichen und Muster, selbst das Pulsieren in allem um mich herum so ohne Bedeutung vorgekommen. Es zählte nur der Kontakt zu dieser Struktur, die sich kreisend, wie eine kleine Ausgabe der Erde vor mir auf einem steinernen Sockel befand. Ich stand und atmete, fühlte das Erwachen in mir und wusste, dass ich angekommen war. Angekommen bei meinem Menschsein, frei von irgendeiner Geschichte und unbelastet von allem, worüber ich jemals meine Existenz definiert hatte. Zugleich wusste ich mich mit meiner Art verbunden, ohne Einschränkung, in einem überwältigenden Gefühl der Liebe!

Was geschehen wird:

Ohne es benennen zu können, wirst du wissen, wer du bist. Deine eigene Art wird dir näher und vertrauter. Deine Kontakte zu anderen Menschen werden inniger. Deine zwischenmenschlichen Beziehungen verbessern sich. Partner werden zu Vertrauten, und du erkennst dich in anderen wieder. Deine Beziehungen werden von tieferem Verständnis und Liebe getragen sein. Und du wirst ein neues Selbstverständnis und neues Selbstvertrauen entwickeln, das nicht auf deinen Leistungen, sondern allein auf dem Wunder deiner Existenz basiert.

Mensch

»Zuerst bist du Mensch,
das ist deine erste Natur.
Sie ist die Basis, von der aus du alles
sein kannst, was du willst. Wenn diese
Struktur in dir erwacht, wirst du
eine liebevolle Verbindung zu allen
Menschen spüren.
Du wirst begreifen, dass du mehr
als nur verwandt mit ihnen bist!«

Tier – mit allem eins sein

»Die animalische Struktur in dir ist gut. Sie ist nicht das Gegenteil des Menschen, sondern eine ursprüngliche Möglichkeit. Sie ist das, was dir Kraft und Instinkt verleiht, und sie ist das uralte Bindeglied zu dem, was du Schamanismus nennst!«

In dieser Nacht fühlte ich mich zurückversetzt in den Regenwald Ecuadors. Ich hatte mich, kurz nachdem ich eingeschlafen war, in einem gigantischen Wald wiedergefunden: riesige Bäume, überwuchert von Schlingpflanzen, armdicke Lianen, Blätter, so groß wie Regenschirme, und irgendwo, unsichtbar, aber nahe, eine Symphonie aus Tierlauten. Don Esteban hatte sich Mühe gegeben, dachte ich bei mir. Ich rief nach ihm, aber er antwortete nicht. Also wartete ich, gespannt auf das, was er mir heute zeigen würde. Die Dämmerung brach allmählich herein, und ich verlor mich in der Betrachtung der bizarren Schatten, die die Bäume und Ranken warfen. Da trat er plötzlich aus dem Dickicht, in das ich die ganze Zeit gestarrt hatte. Er lächelte und deutete mir, zu ihm zu kommen. Er machte kehrt und der Wald schloss sich wie ein Vorhang hinter ihm. So kämpfte ich mich durch das widerspenstige Grün und folgte dem, was ich für seine Spuren hielt. »Komm weiter«, hörte ich ihn von irgendwoher flüstern. Ich suchte nach seiner Stimme, fand die Richtung und folgte weiter seinen Anweisungen, die sich auf kurze Zurufe beschränkten. »Du wirst dich daran erinnern, woraus du gemacht bist.« Ich verstand nicht, was er meinte, nur dass es wichtig war. »Du glaubst, dass dein Intellekt dich überlegen macht. Ihr alle glaubt das!« Er lachte. Endlich sah ich ihn wenige Schritte vor mir. Langsam kam ich näher, aber schon wieder war er fort. »Dein Denken ist nicht alles, musst du wissen. Deine Rettung wird immer das sein, was du Instinkt nennst.« Es wurde rasch dunkel. Ich lauschte angestrengt nach seinen Schritten, hörte nichts außer den Tieren tief im Wald und folgte dann einfach meinem Gefühl. Wieder war seine Stimme ganz nah bei mir. »Ah, du beginnst also, dich zu erinnern. Aber das wird zu wenig sein!« In seiner Stimme lag etwas Drohendes. Es schien mir eine Warnung, aber zugleich eine Aufforderung zu sein. »Nimm die Sache hier nicht auf die leichte Schulter, denn alles, was du hier erlebst, hat Folgen für dich, auch in deiner Welt, auch jenseits dieses Waldes!« Ein Blitz zuckte hoch über mir, dann rollte der Donner und alles geriet in Vibration. In mir stieg Angst auf, und es gelang mir kaum noch, meine Energie in meiner Mitte zu halten. Wieder ein Blitz, dann noch einer, das Donnern wurde ohrenbetäubend, ein Zittern durchlief die Baumriesen, den Boden unter mir und mich selbst. Gerade wollte ich wieder nach Don Esteban rufen, in der Hoffnung, dass er mir irgendeinen vernünftigen Rat geben möge. Ich hörte ihn weit vor mir rufen: »Und jetzt mein Freund? Wegrennen oder dableiben?« Beim nächsten Blitz fing ich an zu rennen und fühlte mich von allem verfolgt, was mein Unterbewusstsein an Monstern parat hatte. Messerscharfe Zähne schnappten nach mir, Pranken mit glänzenden Krallen! Ich rannte, getrieben von dem Bewusstsein, dass alles, was da hinter mir her war, nur ein Ziel hatte: Mich zu fressen – und davor natürlich, mich zu töten! Alles, was ich über Tierra Santa wusste, war in diesem Moment ohne Bedeutung. Dass Don Esteban es stets gut mit mir gemeint und ich bisher alles unbeschadet überstanden hatte, spielte keine Rolle mehr. Mein Verstand geriet bei der Tatsache, dass ich ja zugleich in meinem Bett lag, in Konflikt. Ich fühlte mich gespalten. Aufwachen! Einfach aufwachen, und alles als einen mehr als nur ziemlich realen Albtraum abzutun, wäre das Größte gewesen. Aber ich kam nicht zurück, nicht in mein Bett, nicht in meine Welt! Plötzlich war wieder die Stimme Don Estebans in meinem Ohr. »Du kannst natürlich auch aufhören, zu rennen, und dich in alles fügen!« Was sollte das nun wieder? Erst mahnte er mich, die Flucht zu ergreifen, und nun riet er mir, gar nichts zu tun. Etwas in mir sagte: »Stopp!« Ich blieb stehen und fühlte mich erlöst bei dem Gedanken daran, dass dies alles jetzt zumindest irgendein Ende nehmen würde. Alle Tiere des Waldes schienen sich nun auf mich stürzen zu wollen. Ich sah die Zähne und Klauen, die gelben Augen der Raubkatze, aber auch Flügel und Schnäbel, Fell und Schuppen! Alles war wie in einem Orkan um mich, ineinander verflochten, ein Tanz aus Tieren! Da löste sich eine Spannung in mir. Ich wurde ruhig. Auch mein Herz. Ich atmete und wurde ein Teil dieses Tanzes! Alle Furcht war wie weggeblasen. Ich fühlte mich mit all dem verbunden, auch mit dem Wald, als ein Teil von ihm. Von irgendwo erklang Trommelschlag. Alles drehte sich, rauschhaft verzerrte Bilder von Vögeln, da ein Bison, dort die unendliche Steppe, urzeitliche Menschen auf der Jagd, eine Adlerschwinge, die mein Kinn streifte, ein schwarzer Panther, die

Schlange im Sand, glänzende Reptilienhaut, dann plötzlich tief im Ozean, kühle Stille, das Singen von Walen, leuchtendes Plankton, sprudelnde Tiefseevulkane und weit über mir ein sanftes, pulsierendes Licht. »Mach endlich die Augen auf!« Ich lag rücklings im heißen Wüstensand, Don Esteban stand breitbeinig und grinsend neben mir, über ihm die grelle Sonne Tierra Santas. »Hat dir der Ausflug gefallen?« Ich wusste nichts zu erwidern, außer: »Fantastisch!« Er lachte amüsiert. »Du bist immer noch so leicht zu beeindrucken! Aber jetzt hoch mit dir! Tinatlán wartet auf dich! Geh, und sieh dir an, wie diese Urstruktur in dir wahrhaftig aussieht. Na, mach schon, solange deine Sinne noch scharf sind, oder willst du lieber auf einem Büffel reiten?« Wir lachten beide.

Ich tat, wie mir geheißen und fand den Tempel, den Raum mit der Urstruktur Tier. Ich fand das, wonach ich suchte. Aber ich hatte keine Ahnung gehabt, wie es sich anfühlte, mit dieser Struktur in Resonanz zu gehen. Ich kannte das Gefühl, mit meinem Krafttier zu verschmelzen. Aber ich war nicht darauf vorbereitet, mich selbst als etwas zu erfahren, was uralt, rein und nur dem Instinkt gehorchend ist! Don Esteban hätte mich nicht besser darauf vorbereiten können. Ich erfuhr mich als Teil jedes Tieres, das jemals auf dieser Erde gewandelt ist. Und ich machte zugleich die Erfahrung, jedes Tier zu sein, das zurzeit auf der Erde lebt. Mehr noch erkannte ich mein animalisches Erbe, meinen Ursprung, ohne Wertung, frei von intellektueller Verwirrung, allein mit der Erkenntnis der eigenen Existenz ausgestattet. Das In-Resonanz-Treten war eine tiefe Befreiung für mich und zugleich ein Verschmelzen mit allem, was atmet. Es war wie das Zurückfinden zu einer Basis, die ich verloren hatte, wie ein Zurückkehren in die alte Heimat, ein Aufgenommen-Werden in eine Familie, die ohne den Zwang der Zeit nur den Gesetzen und ewigen Zyklen der

Natur unterworfen ist. Am nächsten Morgen beobachtete ich einen Vogel und wusste mich mit ihm verwandt. Als er davonflog, folgte ich ihm, blieb ich noch eine Weile bei ihm und er bei mir. Wir flogen und teilten uns in dieser Zeit Herz und Seele. Und als ich zurückkam, war die Welt verändert, weil ich selbst zur Welt geworden war.

Was geschehen wird:

Deine animalischen Instinkte werden erwachen. Deine Wahrnehmung, Ausdauer und Kraft werden sich verbessern. Du wirst einen neuen Zugang zu den Lebewesen dieser Erde finden. Die Tiere werden dich als ihresgleichen erkennen. Deine Kommunikation mit Haustieren wird sich verbessern, ebenso der Kontakt zu deinem Krafttier. Du wirst fähig sein, auf deine Urinstinkte zurückzugreifen, dies wird dir in vielen Situationen hilfreich sein!

Tier

»Erst wenn du dich selbst als die ursprünglichste Form organischer Existenz begreifst, wirst du verstehen, dass du niemals allein oder abgeschnitten von der Welt sein kannst«

Pflanze – mit allem wachsen

*»Vertraue den Pflanzen,
gewinne sie als Verbündete,
denn sie wissen
um die ewigen Zyklen.
Sie kennen das Geheimnis
der Wiedergeburt,
und sie werden dich lehren,
wie du immer wieder neu aus
dir selbst entstehen kannst!«*

Die letzten Tage und vor allem die Nächte waren ruhig gewesen. Ich hatte Zeit gehabt, vieles in Einklang mit dem zu bringen, was ich schon wusste. Dennoch war mir klar, dass mir noch einige führende Reisen nach Tinatlán bevorstehen würden. Und dann war es wieder soweit. Das Tal, in dem ich erwachte, war üppig und grün. Ganz anders als Tierra Santa. Ich fand mich in grünem Gras wieder, über mir Baumkronen. Don Esteban hatte mich auf eine Lichtung gebracht, die mich sehr an die Wälder meiner Kindheit erinnerte. Sie glich verblüffend jenem Ort, den ich so oft aufgesucht hatte, als mich damals, vor einer ganzen Ewigkeit, wie mir schien, jene Krankheit heimgesucht hatte, die mein ganzes Leben verändern sollte. Ich stand auf und fand mich nahe einem Bachlauf. Meine Erinnerung an all die hier verbrachten Stunden kehrte schlagartig zurück. Es war wie ein Zurückgleiten in diese Zeit, aber ohne die Verzweiflung und den Schmerz von damals. Über 20 Jahre war es her, dass ich hier meinen Weg zur Mitte begonnen hatte. Zu jener Zeit noch ohne Wissen, ohne Erfahrung und ohne ein bestimmtes Ziel. »Erinnerst du dich?«, hörte ich Don Esteban hinter mir fragen. »Ja, es ist so, als ob ich gestern noch hier gewesen wäre!«, antwortete ich ergriffen. »Ich habe dich hierher gebracht, um dir etwas zu zeigen, was du damals übersehen hast, mein Freund!« Ich wusste, dass ich in Tierra Santa war und nicht in Österreich, und schon gar nicht in meiner Vergangenheit. »Natürlich bist du in Tierra Santa, und natürlich ist das nicht deine Vergangenheit.« Don Esteban las in mir wie in einem offenen Buch. Ein Umstand, der mich ganz zu Beginn unserer Bekanntschaft noch etwas in Angst versetzt hatte. Nun war ich seine Blicke in mein Herz gewöhnt. Da war nichts, was ich vor ihm verbergen konnte oder wollte. Ich vertraute ihm, und das seit langer Zeit. Das Aufstehen fiel mir schwer, denn das Gras, in dem ich lag, hatte sich um meine Beine geschlungen und hielt mich sanft zurück. Don Esteban stand mir gegenüber und lächelte breit. »Was denkst du, worum es heute geht?« Ich hatte ehrlich keinerlei Ahnung und zuckte nur mit den Schultern. »Was ist um dich?«, bohrte er nach. Mein Verstand arbeitete auf Hochtouren, weil ich meinen Lehrer nicht enttäuschen und mir keine Blöße geben wollte. »Die Luft? Die Natur? Das Rauschen des Baches hinter mir?« Alles falsch. Ich sah es in seinem Gesicht. »Die Wesenheiten? Die beseelte Natur selbst?« Er lachte sein typisches trockenes Lachen, das mir stets anzeigte, wie falsch ich mit meiner Beobachtung lag. »Sieh genauer hin! Und vor allem denke nicht zu kompliziert!« Ich dachte nach, schaute mich um. Die Bäume, nasse Rinde, feuchtes Gras, die Sträucher ... Was konnte er nur meinen? »Du vergisst, woraus du bist und dass das, woraus du gemacht bist, auch um dich herum existiert!« Wieder so ein Hinweis, mit dem ich nichts Rechtes anzufangen wusste. Ich ging langsam auf ein Gebüsch zu, das mir irgendwie deplatziert vorkam. Es war anders. Die übergroßen Blätter standen in keinem Verhältnis zu den schlanken Ästen. Der ganze, gut 3 Meter hohe Busch wirkte seltsam künstlich, und als ich nach unten blickte, bemerkte ich die Wurzeln des Gewächses, die ähnlich den Wurzeln von Mais waren. »Folge dem, was du siehst, dem, was dich anzieht, dich fasziniert!« Ich tat, wie mir mein Lehrer befahl, und ließ mich auf meine Knie nieder, um die hellgrünen Wurzeln näher zu betrachten. Sie waren in Bewegung! Wie kleine Schlangen bohrten sie sich in die Erde, traten wieder aus ihr hervor und suchten tastend und schlängelnd einen neuen Zugang in den Boden! Ich näherte mich dem Schauspiel und kroch tiefer in das Gebüsch. Ich folgte einem inneren Trieb, fühlte die warme Feuchtigkeit, sah seltsame Früchte, berührte sie, roch sie, war fasziniert von diesem Leben aus Grün. »Lass dir Zeit!«, drang Don Estebans Stimme, gedämpft durch die Blätter, die sich hinter mir wie ein Vorhang geschlossen hatten, zu mir durch. Die feinen Wurzelenden begannen, nach mir zu greifen, umspielten sanft meine Finger, als ich sie berührte. Die Pflanze schloss sich um mich, umarmte mich mit ihren Blättern, und die Wurzeln verbanden sich mit mir. Ich fühlte mich wie in einem Kokon, sicher und behütet, eins mit der Pflanze. Sie sprach zu mir. Nicht mit Worten, aber mit einem Geräusch, das sie erzeugte, wenn sie ihre großen Blätter aneinanderrieb. Ich war die Pflanze, die Pflanze war ich. Ich konnte Neues aus mir selbst hervorbringen! Das war die Erkenntnis, die mich durchzuckte. Ich konnte mich aus mir selbst reproduzieren! Ich war eine Ansammlung von Zellen, von stetiger, fraktaler und organischer Wiederholung, so wie die Pflanze selbst. Beide waren wir aus einem einzigen

Samenkorn entstanden. Wir waren nichts, doch am Ende unseres Lebens würden wir vieles sein. Wir würden vergehen und absterben, aber zugleich neu beginnen. Und alles, was wir zurückließen, würde uns neue Kraft geben für ein neues Leben. Ich erkannte: Es gibt kein Ende, nur einen Übergang. Da gab mich die Pflanze frei, und ich rollte gegen etwas Hartes, Heißes. Es war das Portal zu Tinatlán! »Hast du bemerkt, wie einfach das war? Du hast nur deiner Neugierde folgen und dich ganz hingeben müssen!« Ich lehnte mich glücklich an die wärmende Mauer der Stadt. »Natürlich habe ich das bemerkt, Don Esteban! Aber ist es immer so einfach?« Er lachte und ersparte sich so eine lange Antwort. »Komm jetzt, noch ist deine Aufmerksamkeit an die Pflanze gekoppelt. So findest du die Urstruktur am schnellsten, aber das weißt du ja ohnehin!« Da war ein wenig Spott in seiner Stimme. Und ich wusste, es war nicht ungerechtfertigt, mich immer wieder ein wenig zu triezen. Nur so lernte ich. Bestimmt war ich nicht sein bester Schüler. Ich trat in die Stadt ein, und mein Lehrer blieb zurück. So wie jedes Mal machte ich mich allein auf die Suche. Ich schritt über die Plätze, die ich bereits kannte, fühlte das Ziehen in meinem Körper, wenn jene Urstrukturen, die ich bereits entdeckt hatte, in Resonanz mit mir gingen und mich in Richtung ihrer Tempel zogen. Ich folgte aber aufmerksam dem stärksten Impuls. Er führte mich in einen Tempel, der anders war als alle, die ich vorher betreten hatte. Der ganze Raum war eine Pflanze, ein glühendes Geflecht aus schimmernden Fasern, grün und gelb, wie wirres Wurzelwerk, aber dennoch einer Geometrie, einem Sinn gehorchend, der sich mir erst viel später erschließen sollte. Die Urstruktur selbst faszinierte mich sofort. Sie verband in sich so vieles! Muster und feine Strukturen, wie ich sie in allen Pflanzen unseres Gartens wiederfand. Alles war in ihr. Das Beginnen und das Enden, der Übergang, die ganze Pracht und

Kraft des Frühlings, eine reiche Ernte, das langsame Vergehen, aber auch die sanfte Ruhe eines wartenden Samenkorns im Winter. Zum allerersten Mal ergab der Begriff »grüne Kraft« für mich mehr als nur Sinn. Zum ersten Mal erfuhr ich diese Kraft und war mir sicher, sie nie mehr zu vergessen! Sie war im Kleinen wie im Großen, sie war und ist auf ewig ein Teil von mir! Sie ist in allen Lebewesen, auch im Menschen, und es bedarf nur einer starken Resonanz, sie zu erwecken.

Was geschehen wird:

Der Zyklus von Leben und Tod wird sich dir als unendliches Wunder erschließen! Du wirst dich mit allem, was existiert, verbunden fühlen. Die Kommunikation mit der beseelten Natur wird sich verbessern. Die Pflanzen werden zu dir sprechen und du zu ihnen. Du wirst erkennen, dass ihr aus derselben Familie stammt. Dein Umgang mit den natürlichen Ressourcen unseres Planeten wird sich zum Positiven hin verändern, und du wirst erkennen, dass dein Wachstum, dein Potenzial unbegrenzt und im steten Wandel begriffen ist.

Pflanze

»Alles steht in Verbindung miteinander, wie in einem Netzwerk, und du bist ein wichtiger Teil dieses Netzwerkes! Die Pflanzen können dich lehren, dass es kein Ende gibt, dass alles immer wieder neu entsteht und dass deine Kraft nicht mit dem Alter weniger wird, sondern sich vervielfachen kann. Du bist Same und Frucht! Du bist viele!«

Mineralien – mit allem verbunden sein

»Es gab eine Zeit der Ordnung, die dir jetzt vielleicht als Chaos erscheint. Aber wenn du dich mit den Kristallen verbindest, wirst du bemerken, dass diese Ordnung auf ewig in allem sein wird, was existiert, auch in dir!«

Ich wusste nicht, wo ich war. Keine Möglichkeit zur Orientierung, kein Oben oder Unten, nur ein gleißendes, sich spiegelndes Chaos. Dabei hatte alles so ruhig, beinahe meditativ begonnen. Ich hatte mich mit einem wunderschönen, faustgroßen Bergkristall zur Ruhe begeben. Es schien mir gut, den Stein mit mir ins Bett zu nehmen, um ein wenig Beruhigung und Zentrierung zu erfahren. Ich hatte ihn auf meine Mitte, vier Finger unter meinem Bauchnabel, platziert und war eingeschlafen. Alles war gut gewesen, kein Traum, nur ein sanftes Dahintreiben in so etwas wie Wasser. Plötzlich hatte ich ein starkes Beben gefühlt und war beinahe aufgewacht, aber eben nur beinahe. Der Stein auf meinem Bauch schien plötzlich Tonnen zu wiegen! Er erdrückte mich! Mir blieb die Luft weg, und ich war wie gelähmt. Wieder ein starkes Beben, ein Rütteln und Ziehen an meinem Körper, dazu eine Welle aus

Kälte, die mich durchflutete. Dann mit Stille, Leichtigkeit, ganz ohne Druck, eine sanfte Kühle um mich und in mir und das Bewusstsein, in einem sich tausendfach spiegelndem Etwas gefangen zu sein! »Du bist im Stein, du Narr!« War das Don Esteban? Seine Stimme klang blechern wie aus unzähligen Echos zusammengesetzt. Ich versuchte, mich zu bewegen, aber es war so, als ob ich schwerelos im Nichts hing. »Du benimmst dich wie ein Schuljunge!« Wieder die Stimme meines Lehrers. Wie ein Schuljunge! Wut stieg in mir hoch! Immerhin hatte ich keine Ahnung wo, wann oder wozu ich hier war. Ich war gefangen im Chaos, und mein lieber Freund und Lehrer schien das ungemein witzig zu finden. »Wenn du noch lange so rumhängst, wirst du das kaum überleben, zumindest nicht deine Physis!« Das brachte mich noch mehr in Panik! Warum sollte mein Körper gefährdet sein? Was meinte er damit? Don Esteban las schon immer in meinen Gedanken, und so kam die Antwort auf meine Frage fast ohne Verzögerung. »Weil du nicht atmest! Und ihr Menschen könnt ja ohne Atmen nicht allzu lange durchhalten, habe ich mir sagen lassen!« Er lachte schallend, und sein Gelächter brach sich tausendfach an all den gleißenden Kanten und Flächen um mich herum. »Das mit dem Atmen wird nichts werden, junger Freund, solange du im Stein bist! Lass dir was einfallen, sonst geht dir die Luft aus und mir die Geduld!« Er hatte leicht reden. Ich sah ja nichts, außer hell und weiß und hier und da einen Schnipsel verzerrtes Selbst! Immerhin wusste ich, dass ich irgendwie in meinen Bergkristall hineingeraten war! Aber wie aus ihm herauskommen? Meine Mitte verschob sich. Ich bekam Angst. »Nun mach schon!« Wieder mein Lehrer, doch hilfreich waren seine Kommentare bisher nicht gewesen. Wenn ich im Stein war, aber nicht hinauskonnte, blieben mir wenig Alternativen. »Wenn du nicht rauskommst und Drinnensein nicht so bequem ist, was bleibt dir dann noch?« Jetzt hielten sich Wut und Panik in mir die Waage. Ich wusste nicht, was er meinte. »Es ist sinnlos mit dir! Erinnere dich doch einfach daran, was du bist, woraus du bist! Du verschwendest immer Zeit darauf, herauszufinden, wo du bist, aber das interessiert keinen Kojoten!« Er hatte recht! Ich war der Stein, ich bestand ja auch aus ihm. Nicht viel, aber doch ein geringer Anteil des Menschen stammt aus dem Reich der Mineralien! Sogar Silizium tragen wir in uns. Ich gab nach und versuchte, mich auf meine Mitte zu konzentrieren. Ich lenkte meine Energie dorthin, wo noch Minuten zuvor der Bergkristall gelegen hatte, in dem ich nun gefangen war. »Werde, was du bist«, hatte mir Don Esteban einmal geraten, und dieses Werden bezog sich auf Hingabe, Verschmelzen, In-Resonanz-Treten! Mein Geist wurde ruhiger, mein Ego gab auf, mein Selbst übernahm die Führung. Was folgte, war Klarheit, Geometrie, Eins-Sein. Besser kann ich es nicht beschreiben. Ich fühlte so etwas wie einen Plan in mir, und ich wusste, dass dieser Plan Heilige Geometrie war! Es war ein Verhältnis, in dem alles zueinander stand! In diesem Moment wurde alles gut. Alles fand seinen Platz, seinen Raum auf ganz natürliche Art und Weise. Ich fühlte mich befreit von einer Last, erlöst von einem Ungleichgewicht, das auf Seele und Schultern gedrückt hatte. »Jetzt atme mal durch, und mach die Augen auf!« Ich tat, wie mir geheißen, und war etwas überrascht, nicht in meinem Bett aufzuwachen, sondern mich an die Mauer Tinatláns gelehnt wiederzufinden. Überrascht deshalb, weil das zuvor Erlebte doch bei mir zu Hause gespielt hatte. Also war Don Esteban diesmal auch in meine Welt gekommen! »Wenn du dich schon mit Kristallen beschäftigst, achte darauf, sie nicht nur wie Werkzeuge zu besitzen, sondern mit ihnen ins Gespräch zu kommen. Sie können dich viel lehren! Und vor allem sind sie fähig, das in dir in Resonanz zu bringen, was ihr

Heilige Geometrie nennt. Ich nenne es anders, ich nenne es Absicht. Aber das sind nur Worte.« Ich wusste, was er meinte, und ahnte, wie wichtig es sein würde, auch mein System wieder in diese naturgegebene Ordnung zu bringen. »Jetzt hoch mit dir, mach dich auf, der Struktur zu begegnen, solange deine Erinnerung noch frisch ist!« Ich stand auf und wollte gerade über die Schwelle nach Tinatlán treten, als er mich an der Schulter zurückhielt. Das war ungewöhnlich, denn Berührungen kamen bei uns kaum vor. Er sah mir tief in die Augen und warnte mich: »Sei achtsam, du neigst dazu, dich in dieser ganz bestimmten Sache zu verlieren! Wenn du dich noch einmal einschließen lässt, bin ich nicht da, um dich zu retten. Und glaube mir, es gibt viele von euch, die nur noch in Kristallen wohnen und kalt sind gegenüber dem Leben.«

So beeilte ich mich, die Urstruktur zu finden. Es war leicht, weil es mich magisch zu jenem Tempel hinzog. Aber mit Don Estebans Warnung im Hinterkopf ging ich vorsichtig vor. Ich betrat den Raum und erschrak, weil er so ähnlich war wie der Raum in dem Bergkristall. Ein Schimmern und Glitzern, das mich verwirrte. Als ich mich meiner eigenen Mitte zuwandte, erkannte ich jedoch leuchtende Eckpunkte in all dem Chaos, das genaugenommen keines war. Alles war ineinander verwoben, Platonische Körper in sich verschachtelt, sich wiederholende Muster an Wänden, Decke und Boden. Alles strebte pulsierend einer Mitte zu, jenem Platz, an dem die Struktur selbst ruhte. Und wenn ich schreibe, dass sie dort »ruhte«, meine ich es so. Sie war erhaben über allem, war das pulsierende, aber in sich ruhende Herz. Greifbar, erfahrbar, reine Geometrie in absolutem Einklang mit allem! Es ist schwer, das zu beschreiben, weil es fühlbar und erfahrbar, aber kaum sagbar ist. Ich erfuhr und erfahre immer mehr diese reine Mitte. So wie jeder, der sich mit dieser Struktur beschäftigt und mit ihr in Resonanz geht. Letztlich gibt es nur ein Wort, das als Beschreibung in etwa dem nahe kommt, was ich empfand: Absolutheit!

Was geschehen wird:

Du wirst ruhiger und ausgeglichener werden. Alles wird seinen Platz finden und nichts bleibt im Ungleichgewicht. Du wirst die Absicht in den Dingen erfahren, die dich umgeben, und du wirst Zusammenhänge erkennen, die für deine ganz persönliche Entwicklung von Bedeutung sind. Mineralien, vor allem perfekt ausgebildete Kristalle, werden dir zum Lehrer werden, und du wirst dich in ihnen wiedererkennen. Und du wirst lernen, dich nicht in den Dingen zu verlieren, sondern das richtige Maß zu finden, in allem, was du tust.

Mineralien

»Es gibt einen Plan,
eine Absicht hinter allem,
und diese Absicht ist Absolutheit.
Diese Absicht zu erfahren,
von ihr berührt zu werden,
ist das höchste Ziel. So werden wir
ganz und sind in Harmonie, und
aus dieser absoluten Harmonie
erwächst die absolute Liebe!«

Weiblich –
der eine Teil in dir

»Jeder von euch ist aus zweien zusammengesetzt. Nur so bildet ihr ein großes Ganzes!«

»Was weißt du über deine weibliche Seite?« Diese Frage war überraschend. Meine Gedanken sprangen in eine Zeit zurück, in der ich versucht hatte, mir darüber klar zu werden. Es war keine gute Zeit gewesen, weil ich keinen echten Zugang zu diesem Thema gefunden hatte, das so viele beschäftigt, die sich auf den Weg zum eigenen Selbst machen. Damals versuchte ich, mich als Mann neu zu definieren, was kläglich an der Tatsache scheiterte, dass mir die richtigen Zugänge fehlten. Die Orientierung an den durch die Gesellschaft vorgegebenen Stereotypen war kaum sinnvoll gewesen, und parallel dazu hatte sich natürlich die Frage nach der weiblichen Seite in mir gestellt. Diese Frage war ebenso unbeantwortet geblieben, weil auch sie sich in den gängigen Bildern, die nicht wirklich viel mit mir zu tun gehabt hatten, erschöpft hatte. Das war so viele Jahre her, dass ich mich bei dem Gedanken an diese, meine Vergangenheit zusehends in den seltsamen Erfahrungen jener Zeit verlor. Barsch holte mich Don Esteban zurück in das Hier und Jetzt Tierra Santas, in die Wüste und die Hitze, die alles unter dem wolkenlosen Himmel dieser

Welt staute. »Du verlierst dich! Ich wollte nichts über dein Versagen von damals hören!« Es fiel mir schwer, eine Antwort zu finden. Er wartete, und ich bekam kein Wort heraus. Wie sollte ich beschreiben, was ich kaum fühlen konnte? Wie sollte ich dem Ausdruck verleihen, was da tief in mir war und selten genug an die Oberfläche kam, um zu wirken? Ich gab auf und sagte das Einzige, was mir noch richtig erschien: »Ich weiß nichts darüber, Don Esteban, und ich kann es dir nicht sagen.« Er lächelte. »Wenigstens bist du ehrlich, das ist der halbe Sieg!« Ich atmete auf, aber mein Freund war noch nicht fertig: »Jetzt ziehen wir dir ein Kleid an und flechten dir Zöpfchen, dann bist du schon fast ein Mädchen, wenn auch kein hübsches!«, witzelte er. Gerade als ich entgegnen wollte, dass ich das für keine so gute Idee hielt, begann er zu tanzen. Ich hatte das schon einmal erlebt und wusste, dass dieser Tanz mehr war als eine Tanzeinlage zu meiner Belustigung. Er änderte die Welt, meine Welt! Mir wurde schwindlig, als er sich um die eigene Achse drehte, wie ein Derwisch. Mit ihm drehte sich die Wüste. Alles geriet in einen Sog. Ich stürzte zu Boden. Aber der Aufprall blieb aus. Ich versank in einem Bett aus heißem Sand. Alles gab nach, die Wüste zog mich in sich, nach unten ins Dunkel. Weit über mir erlosch ein letzter Flecken Licht. Ich fühlte mich von allen Seiten berührt, wie Tausende kleine Hände, die mich weiterreichten. Mir blieb nichts anderes zu tun als nachzugeben. Das Gefühl des Ausgeliefertseins schwand immer mehr. Mit einem Mal fühlte ich mich geborgen, ja beschützt von einer unsichtbaren Kraft. Ich ahnte die Gegenwart von etwas Großem und Starken, das nicht bedrohlich, sondern gütig war. Die Zeit blieb über mir zurück. Dann sah ich mich selbst, als Kind, als Baby, als Fötus, Zellteilung, Befruchtung! Ich bewegte mich zurück, um als Nichts zu enden, als bloßes Bewusstsein. Noch ohne Form, aber mit Seele und Geist beschenkt! Irgendwo da draußen tanzte Don Esteban für mich und brachte mich dem nahe, was ich in Wirklichkeit war. Jetzt änderte sich die Richtung des Soges. Ich fühlte, dass ich zu etwas wurde, was ich nicht beschreiben kann. Aber ich fühlte, dass ich an Masse gewann, an Raum. Ich wurde körperlich, wusste, dass ich bereits mehr war als ein Haufen von Zellen, die sich unaufhaltsam einem göttlichen Gesetz oder Plan folgend teilten. Ich fühlte, dass ich aus mehr bestand als nur aus Geist, und wusste, dass ich von einer Vision Gottes zum kleinen Menschlein geworden war. Unendlich verletzlich, aber ebenso unendlich geliebt von meiner Mutter, die mich schützend und nährend umgab. Ich wuchs. Um mich herum war nichts außer Hingabe und Freude und jene Liebe für das eigene Kind, die nur Mütter zu empfinden in der Lage sind. Mit dem Wachstum fühlte ich einen Druck, der bald unangenehm wurde. Ich fühlte mich bedrängt, und mein eigener Herzschlag dröhnte mir in den Ohren. Der Druck stieg ins Unermessliche, und mit einem Schrei stürzte ich in eine Welt, die so hell war, dass es schmerzte. Noch war ich in Don Estebans Tanz gefangen! Ich hörte ihn von weither ein Kinderlied singen, aber ich empfand es nicht als lächerlich, sondern als beruhigend und unendlich berührend. Meine Mutter wiegte mich in den Armen. Ich sah ihr Gesicht. Wie jung sie war! Wie vertraut und fremd zugleich! Sie war ein Wunder, und dass ich aus ihr entstanden war ebenso! Die Fähigkeit, etwas in die Welt zu bringen, das selbstständig werden und ein eigenes Leben führen würde, war das Wunder. Und ich wusste, dass auch in mir ein Teil dieses Wunder zu finden war, dass es existierte und mir dabei half, kreativ zu sein. Das war meine Weiblichkeit. Ich war fähig, etwas zu erschaffen, zu behüten, zu nähren und zu lieben. Ich betrachtete das Gesicht meiner Mutter, ihr sanftes Lächeln und hörte sie sagen: »Du wirst etwas ganz Besonderes!« Bei diesen Worten holte mich Don Esteban zurück. Jetzt schlug ich auf dem Boden auf. Mein Fall hatte eine ganze Schwangerschaft lang gedauert! »Weißt du jetzt eine Antwort auf meine Frage?« Ich nickte, blieb aber stumm, weil ich wusste, dass ich es nie wirklich beschreiben konnte. Sein Blick verriet mir, dass er zufrieden war. Dann betrat ich Tinatlán, um die Urstruktur der Weiblichkeit zu finden.

Was geschehen wird:

Wenn du mit der Urstruktur der Weiblichkeit in Resonanz gehst, wird sich deine Sichtweise auf die Themen Mann- und Frau-Sein beträchtlich verändern. Du wirst dich von den Stereotypen der Gesellschaft befreien können. Deine Liebe wird neu erwachen und alle deine kreativen Prozesse durchdringen. Du wirst stark in dem, was du tust! Deine schöpferischen Fähigkeiten werden dir bewusst werden und sich in konkreten Projekten niederschlagen. Du wirst beginnen, die Dinge, die du angefangen hast, auch zu Ende zu bringen. Auch deine männliche Seite wird besser in Resonanz mit deiner Weiblichkeit gehen können.

Weiblich

»Solange du deine Weiblichkeit in anderen suchst, wirst du immer scheitern. Wenn du aber das Wunder der Geburt, der Schöpfung begreifst, wenn du verstehst, dass alles Kreative aus dieser Kraft entsteht, die auch in dir steckt, wirst du nie wieder an dir oder deiner Liebe zweifeln. Egal, ob du als Mann oder als Frau geboren wurdest!«

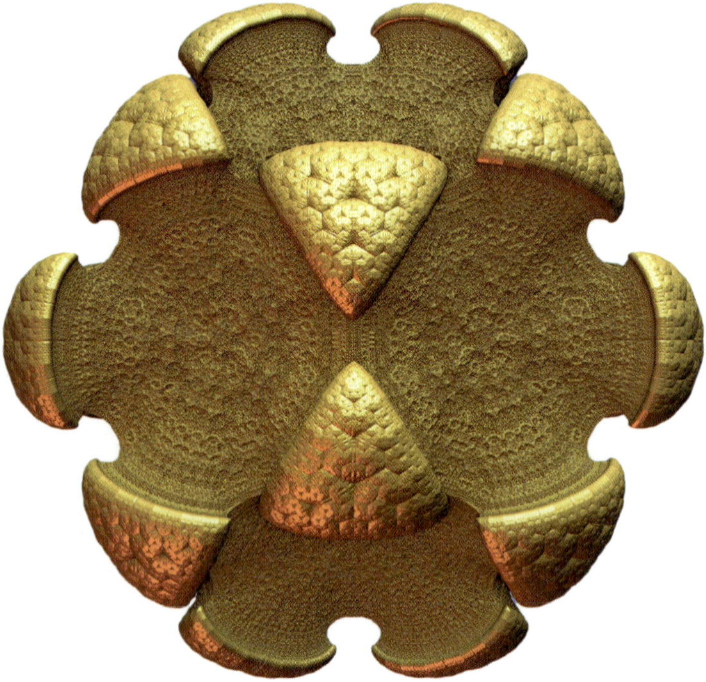

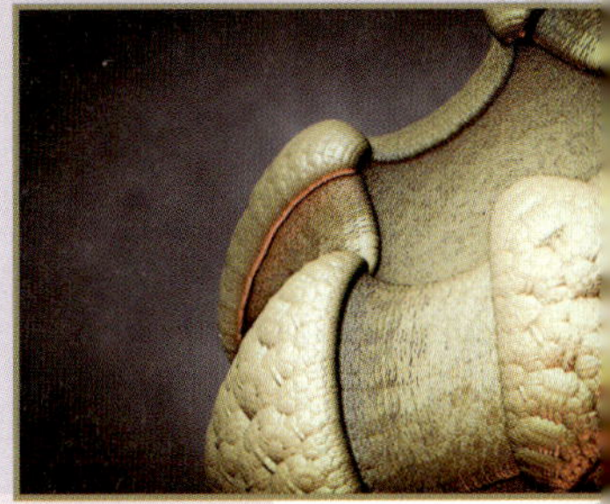

Männlich – der andere Teil in dir

»Was du im Allgemeinen für männlich hältst, hat genau genommen nur mit deinem Ego zu tun. Deine Männlichkeit ist nur ein leerer Krug. Wenn er zerbricht, bleibt nichts außer einem Haufen bunter Scherben.«

Irgendwie hatte ich mich vor dieser Begegnung gefürchtet. Seit gut einer Woche war ich nicht mehr nach Tierra Santa geholt worden. Ich nutzte die Zeit dazu, meine Notizen in Ordnung zu bringen, ebenso mein Leben, das sich seit der Begegnung mit meiner weiblichen Seite aus völlig neuen Gesichtspunkten zeigte. Insgeheim blieb die seltsame Ahnung, dass dies nicht alles zum Thema gewesen sein konnte und es nicht allzu lange dauern würde, bis Don Esteban mich mit meiner Männlichkeit konfrontieren würde. Jetzt war es offenbar so weit. Er hatte mich zu sich in die Wüste geholt, aber an einen Ort, den ich noch nicht kannte. Wir standen in den Ruinen einer Stadt. Es schienen keine Ruinen zu sein, wie ich sie aus meinen Besuchen in Mexiko kannte. Hier fanden sich keine Tempel oder Pyramiden. Es waren die Überreste modernerer Bauten: hier Geschäfte, dort ein Restaurant mit eingestürztem Dach, die große Glasfront in Scherben, zerrissene Vorhänge, die den Blick auf staubige Tische gewährten. Sand lag über allem. Ich folgte mit einem mulmigen Gefühl im Bauch meinem Lehrer bis in die Mitte eines weitläufigen Platzes, der umringt war von geborstenen Mauern, die früher offenbar das Dach eines großen Einkaufszentrums gestützt hatten. »Kennst du diesen Ort?« Ich verneinte. Don Esteban nickte stumm und ging weiter. Wieder folgte ich ihm. Wir verließen den Platz und bogen in eine Seitengasse ein. Die Mauern der Häuser neigten sich bedenklich und standen sicherlich kurz vor dem Einsturz. Über uns hingen an Wäscheleinen staubige Fetzen, Strom- und Telefonkabel waren gerissen und baumelten im leichten Wind, der nun aufkam. Am Ende der Gasse betraten wir ein Haus. Die schwere Eingangstür war aus den Angeln gerissen worden und lag wie eine Rampe vor uns. Etwas in mir empfand einen enormen Widerwillen, diese Räume zu betreten. »Komm, es wird Zeit, dass du dich an etwas erinnerst!« Ich gehorchte und trat neben meinen Lehrer. Wir befanden uns in einem großen Raum. Die Dachziegel fehlten, und ich blickte durch die Balken in einen eisgrauen Himmel.

»Sieh dir das an!« Ich folgte seinem Blick und sah einen schweren, staubigen Tisch. Auf ihm stand ein großer Krug oder Topf, ebenfalls bedeckt mit feinem Staub. »Nimm ihn!« Ich griff nach dem Gefäß, das mit einem Deckel fest verschlossen war. »Mach ihn auf.« Don Estebans Stimme ließ kein Zögern zu. Ich versuchte, den Deckel anzuheben. Endlich gelang es. »Und nun sieh hinein!« Ich tat, wie mir geheißen, und blickte ins Nichts. Don Esteban war unmittelbar hinter mir. Ich wusste, dass er zu tanzen begonnen hatte. Es hatte keinen Zweck, sich zu sträuben, also ließ ich zu, was er für mich vorgesehen hatte. Ich stürzte in den Krug, ins Nichts. Das Fallen nahm kein Ende. Aber endlich schälten sich aus der Schwärze erste Bilder. Don Esteban konfrontierte mich mit all den gescheiterten Versuchen, mich als Mann darzustellen. Der Krug war leer, aber zugleich gefüllt mit den Bildern meiner Vergangenheit als Mann, einer leeren Vergangenheit! Ich erkannte die Sinnlosigkeit, mich über das, was oder wie ich es tat, im Außen als Mann darzustellen. Mir begegneten die Menschen, über die ich versucht hatte, meine Männlichkeit zu leben oder zu erleben. Don Esteban tanzte, während ich weinte und verstand. Ich hoffte auf den Grund dieses Gefäßes voller sinnloser Versuche! Ich war es leid und müde, all das noch ein Mal betrachten zu müssen. Ich wusste ja um mein Versagen! Aber ich hatte auch nur das getan, was mir durch meine Prägungen möglich gewesen war. Eine Welle von Selbstmitleid überflutete mich, und obwohl ich wusste, dass Selbstmitleid für Don Esteban eine der sinnlosesten Verhaltensmuster der Menschen war, ließ ich es zu. Gerade als ich begann, mich in meinem Elend zu suhlen, musste er etwas in seinem Tanz verändert haben. Der Krug, in dem ich war, wurde eng! Mir wurde bewusst, dass ich mich gerade hatte fangen lassen, dass ich in meinem selbst gebauten Gefängnis auf eine Art Amnestie wartete, die es nie geben würde. Es war keine Wut, die in mir aufkam, vielmehr ein Bewusstsein, etwas verändern zu können. Ich hatte doch Kraft! Und diese Kraft ohne Wut einzusetzen war das Ziel. Nicht nur ohne Wut, auch ohne negativen Gedanken, nicht aus einem Leidensdruck heraus oder um einem bestimmten Bild zu entsprechen. Es galt, diese Kraft der Sache wegen einzusetzen! Neutral, ruhig, absolut und ohne Vorbehalte. So wurde ich mir wieder meiner Körperlichkeit bewusst. Ich erinnerte mich meiner Mitte und fühlte die wohlige Wärme, die sich bildete, wenn meine Energie sich sammelte. Ich wurde groß, stark, ruhig. All meine Kraft würde ich einsetzen, mich selbst zu befreien! »Mach schon!«, hörte ich Don Esteban von irgendwoher rufen. Ich weitete meinen Energiekörper und fühlte die Wände meines Gefängnisses.

Noch einmal holte ich alle Energie in meine Mitte. Eine Explosion aus weißem Licht folgte, ein tausendfaches Splittern, gefolgt von dem Gefühl, einen großen Sieg errungen zu haben! Der Krug war zersplittert, die Stadt vibrierte, Staub rieselte von den Wänden. Noch während wir das Haus verließen, stürzten die Wände endgültig ein. Hinter uns zerfiel, was noch stand, zu Staub, in dem wir versanken. »Das hast du ja mal ganz ordentlich gemacht!« Wenn Don Esteban mich lobte, meinte das viel! »Du musst jetzt die Struktur finden. Das wird dir leichtfallen, weil du mit jedem Mal klarer in deinen Handlungen wirst.« Er hatte mich durch den Staub bis an die Pforte Tinatláns gebracht. »Es braucht nicht mehr viel, und ich kann dich allein lassen, mein Freund!« Ich erschrak, weil ich mich ohne seine Anleitungen wohl kaum so weit entwickelt hätte. Noch bevor ich etwas sagen konnte, zwinkerte er mir zu. »Aber noch nicht, noch nicht! So viel Spaß hatte ich schon lange nicht mehr!« Ich glaubte, dass er wohl kaum auf Spaß angewiesen war und er das nur mir zuliebe sagte. »Nun geh los, finde die Urstruktur und arbeite damit! Aber lass dir Zeit, du wirst sie brauchen!« An der Pforte nach Tinatlán drehte ich mich noch einmal zu ihm um, aber er war bereits verschwunden. Ich nahm mir die Zeit, ganz so, wie er es mir geraten hatte, und das war gut so, denn vieles sollte sich durch die Begegnung mit meiner Männlichkeit ändern.

Was geschehen wird:

Du wirst dich von allen Bildern, über die du bisher deine männliche Seite definiert hast, verabschieden können. Dein Handeln wird konkreter. Du wirst eine neue Art des Tuns und des Lebens entdecken, die nichts fordert oder erwartet. Du wirst dich aus alten Mustern befreien können. Deine weibliche Seite wird besser in Resonanz mit deiner männlichen Seite gehen!

Männlich

*»Mann zu sein ist mehr, als Kinder zeugen zu können! Mann zu sein bedeutet, zu entscheiden, der Sache wegen, ohne etwas zu erwarten, ohne Gegenleistung!
Es bedeutet, Dinge zu tun, weil sie getan werden müssen, mit aller Liebe, aller Hingabe und absoluter Aufrichtigkeit gegenüber dir selbst!«*

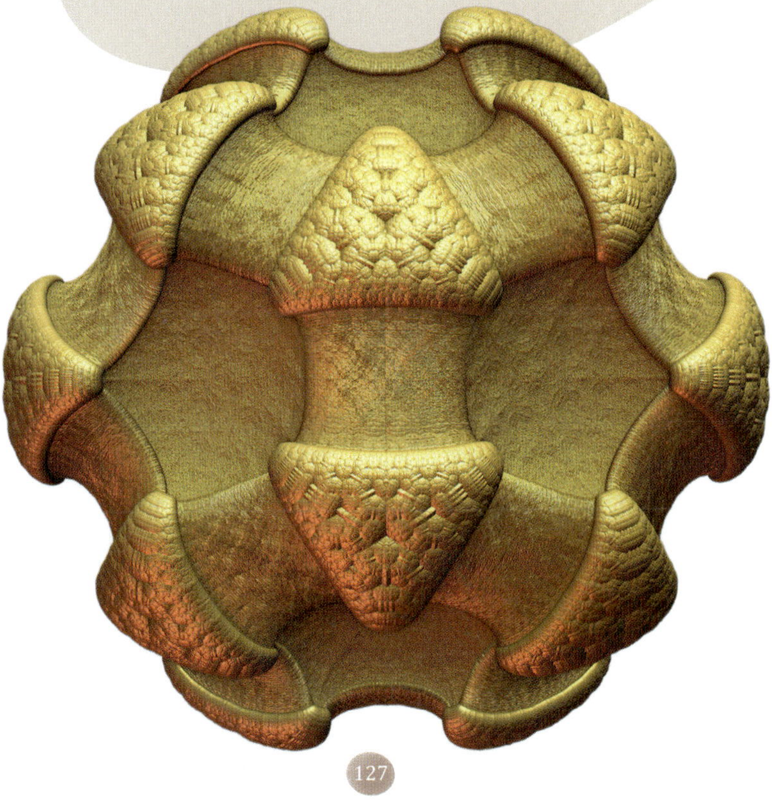

Stimme – sich selbst zum Ausdruck bringen

»Deine Stimme ist ein Gebet an die Welt! Sie bringt dein Selbst in die Realität. Sie ist wie ein Fluss, auf dem du reisen kannst, ein Strom aus Kraft, rein, unendlich und entsprungen in deinem Selbst!«

Der Wind blies mit unglaublicher Kraft, und ich hatte Mühe, Don Esteban zu folgen. Er war bereits weit vor mir, und der aufgewirbelte Sand hüllte die ganze Landschaft in ein fahles, gelbes Licht. Der Ort schien mir unwirklich und fremd, obwohl ich bereits etliche Male hier gewesen war, und er rief nach mir, aber ich konnte nur Wortfetzen verstehen. Der Sturm nahm zu, und mein Lehrer verschwand irgendwo vor mir im Chaos. Ich blieb stehen, rief nach ihm. Aber meine Stimme verließ kaum meinen Mund, da wurde sie bereits vom Wind zerschnitten. Wo war er? Und wo war ich? Warum ließ er mich hier im Sandsturm zurück? Der Wind zwang mich in die Knie. Auf allen vieren versuchte ich, der Richtung zu folgen, in der ich meinen Freund und Gönner vermutete. Sicher lachte er bereits über mich und meine aufkommende

Panik. Hier half nichts, weder mein krampfhafter Versuch, mehr Energie in meiner Mitte zu versammeln, noch mein Fluchen über die Umstände, in die er mich gebracht hatte. Nur verschwommen konnte ich vor mir eine große Kaktee entdecken. Dort erhoffte ich mir Schutz vor dem Sturm. Ich flüchtete in ihren Windschatten, bedacht darauf, den langen, seltsam gekrümmten Stacheln nicht zu nahe zu kommen. Auf den Boden gekauert wollte ich abwarten, den Sturm aussitzen, defensiv. Aber mein Verstand wusste, dass dies nichts nutzen würde und es sich gewiss um eine jener Prüfungen handeln musste, die Don Esteban sich immer wieder für mich ausdachte. Aber so ganz ohne Ahnung, worum es diesmal ging, half mir auch dieses Wissen nicht das Geringste! Ich konnte nur warten, hoffen, mich zurück in mein Bett wünschen, was nichts bringen würde. Das Gefühl, ausgeliefert zu sein, ist kein angenehmes. Weder in meiner ganz alltäglichen Welt und schon gar nicht hier in Tierra Santa, gefangen in einem Traum, der keiner war! Wieder rief ich nach meinem Lehrer. Die Antwort war ein erneutes Aufheulen des Sturmes, das mich zur Seite in den Sand warf. Über mir erahnte ich eine helle Scheibe, die Sonne, die nun nicht mehr durchkam. Es wurde kälter, und mit der Kälte kam der Zweifel, mit dem Zweifel die Angst und mit der Angst das Bewusstsein, diese Prüfung nicht zu bestehen. Wieder rief ich nach ihm, verzweifelt und ohne genug Kraft in den Lungen. Da war er plötzlich an meiner Seite! »Du nutzt deine Stimme nicht richtig! Hier hört dich mit deiner gewöhnlichen Stimme niemand, nicht einmal die Wüste, und die ist ein wirklich guter Zuhörer!« Ich war froh, ihn neben mir zu wissen. Nun würde alles gut werden, er hatte mich nicht einfach hängen lassen, wie ich ihm in Gedanken unterstellt hatte. »Gib acht auf das, was ich mache! Vergiss alles, was du über deine Stimme weißt!«

Er ging in die Hocke, beide Handflächen am Boden. Dann öffnete er den Mund, und ein Ton floss aus ihm! Es war ein seltsames Geräusch, kein Heulen, sondern ein reiner, tiefer Ton, voller Kraft und seltsam berührend. Ich konnte sehen, wie dieser Ton in einer Art Verdichtung der Luft nach draußen strömte und das Getöse um uns herum teilte. Der Klang, den mein Lehrer da produzierte, schnitt wie ein Messer durch den Wind, schwoll an, wurde lauter und erstarb mit einer Art Klicken, als er den Mund wieder schloss. Er blickte zu mir und zwinkerte mir zu. »Nun versuch du es!« Aber wie? Wie konnte ich etwas Derartiges schaffen? Für ihn war es leicht, da er aus dieser Welt stammte. Zudem war er kein Mensch, sondern ein Wesen, das stark genug war, diese ganze Welt hier zu beeinflussen, ja zu erschaffen! Er spürte meine Zweifel und schüttelte den Kopf. »Der Sturm wird immer stärker werden, und deine Lungen werden sich mit Sand füllen!« Ich versuchte es. Zunächst nahm ich die gleiche Haltung wie er zuvor ein, was schwierig war, weil mich der Sturm ständig umzuwerfen drohte. Die Böen wurden heftiger! Dann kam ein Krächzen aus meiner Kehle, das kaum den Ansprüchen Don Estebans genügen würde. Doch er lachte mich nicht aus, sondern wandte sich mir erneut zu. »Es geht nicht um deine Stimme, du Narr! Es geht um einen Weg! Es führt ein Weg in dich hinein, zu deiner Mitte, deinem Selbst. Und wenn du ausatmest, was nichts mit Kraft zu tun hat, dann förderst du etwas zutage, was nach draußen soll! Es ist dein Selbst, in einen Ton verpackt. Es ist nichts anderes als Resonanz!« Ich schüttelte verwirrt den Kopf. Mir ging der Atem aus, und ich hatte auch Angst vor einem tiefen Einatmen, Angst davor, zu ersticken. »Der Sturm kennt kein Erbarmen!« Also gab ich meiner Bemühung eine andere Richtung. Zuerst atmete ich durch meine beinahe geschlossenen Lippen tief in meine Mitte. Ich fühlte, dass nun auch die Energie besser dorthin gelangte. Dann ließ ich meinen Atem ganz einfach nach draußen strömen und erlaubte ihm, das mitzunehmen, was er dort fand. Es entstand ein seltsamer Ton, der mir fremd war, den ich nie erwartet hätte. Was da aus mir tönte, war so alt wie ich selbst, nein, älter noch! Es war eine Grundstruktur, die in mir in Resonanz getreten war und sich nun als Ton ausdrückte! »Noch einmal«, trieb mich Don Esteban an. Und dieses Mal hatte der Ton enorme Fülle und Kraft! Ich konnte sehen, wie er aus mir hinausströmte. Nicht ganz so entschlossen und stark wie bei meinem Lehrer, aber kraftvoll genug, um gegen den Sturm anzugehen! »Siehst du, wie gut das funktioniert? Verstehst du nun, woher diese Kraft kommt?« Ich nickte freudig und versuchte es ein weiteres Mal. »Warte noch! Lass es uns gemeinsam tun!« So kauerten wir beide am Boden, wie zwei Frösche, die gegen einen Sandsturm anquakten. Es funktionierte! Der Sturm ließ nach, die Sonne brach durch, unsere Töne flogen über die Dünen und Hügel bis nach Tinatlán! Wir erhoben uns. »Lass uns zur Stadt gehen. Du musst noch die richtige Urstruktur finden!« Die Sonne stand jetzt tief, und ich brannte darauf, der Struktur zu begegnen, um direkt mit ihr in Resonanz zu gehen. Ich war gespannt darauf, wie sie wohl aussehen mochte, und überrascht, als ich sie vor mir sah. Erst später, als ich versuchte, sie nachzubilden, fand ich einen wirklichen Zugang zu ihr. Vor allem aber lernte ich eines: Es muss nicht immer schwierig sein, es genügt, das zuzulassen, was in einem ist! Die Urstruktur Stimme hat viel mit Hingabe zu tun und mit Vertrauen! Vor allem aber ermöglicht sie uns, uns selbst Ausdruck zu verleihen!

Was geschehen wird:

Deine Stimme wird mehr Kraft bekommen. Deine Worte haben wieder Gewicht. Du entdeckst dein Selbst auch in den Klängen, die du produzierst. Deine Sprache wird authentischer werden, und man wird dir zuhören. Du wirst deine eigenen Kraftlieder finden. Über sie wirst du mit der beseelten Natur, mit allem, was eine Seele hat, in Kontakt treten können! Die Urstruktur Stimme markiert zudem die Zahl Eins des binären Systems.

Stimme

»Alles strömt aus dir hinaus,
gebündelt in einem einzigen Ton!
Das ist dein Gebet,
das ist dein wahres Selbst,
das du zum Ausdruck bringst!«

Ruhe – Zeit, zu begreifen

*»Es gibt etwas in dir,
das nennt sich Ruhe;
es verlangt nach
seinesgleichen.
Diese Ruhe ist eine der
Qualitäten des Kriegers.
Ohne die Ruhe bist
du nichts. Mit ihr bist du alles.«*

Nach der letzten Begegnung mit Don Esteban hatte sich vieles verändert. Mir war nicht danach, mit jemandem zu sprechen oder gar mich unter Menschen zu begeben. Alles in mir suchte nach Ruhe. Ich war auf Rückzug programmiert, und das zu einer Zeit im Jahr, an dem solches Verhalten eher als seltsam galt. Es war Weihnachten! Aber Don Esteban hatte andere Pläne mit mir, Pläne, in denen die Worte »Rückzug« oder »einigeln« nicht vorkamen! Er holte mich wieder nach Tierra Santa, und meine Ankunft begann damit, dass ich ein Klingeln in den Ohren hatte. Zunächst noch leise, kaum zu hören, dann stetig anschwellend. Don Esteban hatte mich auf ein Plateau gebracht, von dem aus wir hinunter auf Tinatlán blickten. Gerade als ich ihn fragen wollte, ob er auch dieses Geräusch hörte, lief er einige Schritte von mir weg. So stand er mir in gut 4 oder 5 Meter Abstand gegenüber, den Hut ins

Gesicht gezogen, die rote Sonne hinter sich. Er begann zu tanzen, und jeder seiner Schritte war wie ein Donnerschlag. Jede Faser meines Körpers erzitterte. Don Esteban hatte die Arme ausgestreckt, die Finger gespreizt wie die Schwingen eines Adlers. Das rechte Bein hatte er beinahe anatomisch unmöglich verrenkt und nach oben gezogen. Das Bild war bizarr. Dann begann er, auf dem anderen Bein zu hüpfen, mehr und mehr in die Hocke zu gehen und sich dabei zu drehen. All dies erzeugte in mir und um mich ein Chaos aus Tönen. Ich hörte mein Blut in meinen Adern strömen. Mein Herz schlug dröhnend in meiner Brust, und mir schien es, als ob alle Gedanken, die ich jemals in meinem Leben gedacht hatte, auf mich einströmten. Selbst die Sonne war laut, ihr Rot schrie, ihre Helligkeit brüllte. Die Luft um mich herum flimmerte von all dem Lärm. »Was soll das!?«, rief ich zu Don Esteban, aber der Lärm, mein Lärm verschluckte jedes Wort. Er tanzte, und mit jeder seiner gewandten Umdrehungen, die nun schneller und schneller wurden, wuchs der Lärm in mir. Fetzen von Musik, hämmernde Bässe gemischt mit Kinderlachen und dazu ein unsägliches Kreischen wie von Tausenden Babys! Dann ganze Sätze, so schnell gesprochen, dass sie keinerlei Sinn mehr ergaben und am Ende zu einem nervenden Klang verschmolzen, der mir tief ins Herz schnitt! All das Gesagte, das ohne Sinn war, das »Nur-Gehörte« wurde mir nun zur Qual! All der Lärm verursachte echten Schmerz in mir! Don Esteban rief mir etwas zu, was aber nicht zu mir durchdrang. Ich fühlte mich einer Ohnmacht nahe. Wieder öffnete er seinen Mund, und ich glaubte, ein einziges Wort an seinen Lippen ablesen zu können: »Ruhe«. Gut, wo war sie, diese Ruhe? Sicher nicht um mich herum oder gar in mir! Was sollte ich tun? Jeder Versuch meinerseits, dieses lärmende Chaos, das Don Esteban für mich inszeniert hatte, abzustellen, geriet genau zum

Gegenteil. Jeder meiner Gedanken hallte tausendfach verstärkt wider und vermischte sich mit einem beinahe nicht enden wollenden Echo des Gedankens zuvor. Ich wünschte mir nichts sehnlicher als Ruhe! Ich verzehrte mich nach einem Vakuum. Dem luftleeren und klangleeren Raum. Keine Musik mehr. Keine Töne. Nichts wahrnehmen müssen! Kein pochendes Herz mehr wie die Hiebe eines gewaltigen Hammers! Ich sehnte mich nach einem Zustand, den es vielleicht in einer Zeit geben mochte, in dem der Mensch nur eine Vision Gottes war, so, wie Don Esteban es einmal so trefflich ausgedrückt hatte. Verzweifelt atmete ich in meine Mitte! Aber mein Atem hatte die Lautstärke eines Raketenstarts. Ich sank auf die Knie und löste dabei ein Erdbeben in mir aus, das in jeder einzelnen Zelle einen Tsunami an neuen Geräuschen erzeugte. Mit beiden Händen krallte ich mich in den warmen, tönenden Sand und blickte Hilfe suchend zu meinem Lehrer. Sein Tanz verlangsamte sich in diesem Moment. Noch einmal drehte er sich um seine eigene Achse und nahm dieselbe Position ein wie ich. Wieder öffnete er seinen Mund: »Mitte«. Dieses Wort konnte ich von seinen Lippen lesen und dann so etwas wie »greif zu«. Aus seiner Mitte schoss eine Art leuchtendes Band zu mir. Es drang in meinen Energiekörper und koppelte an meiner eigenen Mitte an. Ich griff danach, fühlte etwas Festes, Kühles und hielt mich daran wie an einem Seil fest. Was folgte, war Stille, nein mehr noch, es folgte absolute Ruhe. Es war so, als ob ein Schalter umgelegt worden war. Mit einem Schlag verstummte die Welt! Erlösung! Nichts war mehr so wie zuvor. Alles war in absoluter Stille, in Ruhe, in Ordnung. Es glich einem Schweben im Nichts. So musste es sein, wenn man noch nicht Mensch war. Kein Gedanke störte mich in meinem Zustand, der am ehesten mit dem Wort »Glückseligkeit« zu beschreiben war. Was für eine Wohltat! Don Esteban zog mich nun an dieser Verbindung zu sich. Ich folgte dem Ziehen, leicht wie eine Feder, mir kaum meines Körpers bewusst. Dann saßen wir uns gegenüber, und als er zu sprechen begann, waren seine Worte wie aus Seide, ganz leicht, klar, ohne Echo, ohne Vibration oder Druck. Seine Stimme war feinstoffliche, reine Information, ohne organische Beigaben! »Das ist dein wunder Punkt mein Freund! Da ist so viel Lärm in dir, weil du alles gesammelt hast, jeden Gedanken, jedes Wort, jeden Ton!« Ich wusste, was er meinte, und nickte nur stumm. »Es wird einige Zeit brauchen, bis du all das sinnlos Gesammelte entsorgt hast. Erst dann wird dir diese Ruhe zur Natur werden!« Nun löste er das Band zwischen uns, und langsam, aber stetig kehrten mein innerer Dialog und meine Gedanken zurück. »Wie lange werde ich brauchen, um diese Ruhe zu finden, Don Esteban?« Er lächelte, klopfte mir freundschaftlich auf die Schulter und stand auf. »Wenn du dich jetzt nicht aufmachst, um die Urstruktur der Ruhe in Tinatlán zu entdecken, vermutlich deine nächsten paar Leben!« Er half mir auf die Beine. Die Sonne berührte blutrot den Horizont. »Willst du zu Fuß zur Stadt, oder soll ich dich dorthin tanzen?« Er lächelte verschmitzt. Er kannte meine Antwort bereits, drehte sich einmal um sich selbst und nahm mich mit sich. Als ich im Raum der Ruhe der Urstruktur gegenüberstand und mich darauf vorbereitete, in denselben Zustand wie kurz zuvor zu kommen, wurde ich zunächst enttäuscht. Ich fühlte wohl eine unvergleichliche Ruhe in mir, aber mein Denken blieb mir erhalten. Don Esteban hatte gesagt, dass es seine Zeit dauern würde, um diesen Zustand wieder zu erreichen, und ich wusste, dass er recht hatte – so wie immer.

Was geschehen wird:

Je öfter du mit der Urstruktur der Ruhe arbeitest, desto ruhiger wird es in dir werden. Du wirst in dir ruhen können, auch wenn der Sturm des Lebens über dich hinwegfegt. Diese Urstruktur wird dich Dinge erkennen lassen, die du vorher nicht zu begreifen imstande warst, weil deine Gedanken dir im Weg waren. Du wirst durch sie wirklich zuhören können, ohne zu beurteilen. Du wirst durch sie lernen, die feinen Zwischentöne wahrzunehmen. Musik und Sprache werden sich dir neu erschließen! Die Urstruktur Ruhe markiert die Zahl Null des binären Systems.

Ruhe

»Die Urstruktur der Ruhe ist eine der kraftvollsten. Sie regelt das Verhältnis der anderen Strukturen in dir. Wenn du sie erweckst, mit ihr in Resonanz gehst, wirst du erkennen, was wahre Kraft ist.«

Heiler – die Heilung liegt in dir

»Du sprichst von Heilung, wie wenn es etwas wäre, das außerhalb liegt, und hast vergessen, dass du die Heilung für dich selbst sein kannst!«

Das neue Jahr hatte schon mal ohne mich begonnen. Zum einen lag es daran, dass ich mit Neujahrsfeierlichkeiten noch nie viel hatte anfangen können. Zum anderen beschäftigten mich meine Erlebnisse in Tierra Santa derart, dass ich kaum Interesse für andere Dinge aufbringen konnte. Die nächtlichen »Ausflüge« mit Don Esteban kosteten mich Kraft, und ich hatte kaum Gelegenheit, den verpassten Schlaf irgendwann nachzuholen. Ich war sozusagen urlaubsreif. Aber mein Lehrer kannte weder Erbarmen noch Milde und brachte mich bald wieder nach Tierra Santa. Wir befanden uns in einer ganz anderen Gegend dieses merkwürdigen und wundervollen Landes. Ich erinnerte mich, schon einmal dort gewesen zu sein. Wir saßen auf einem grünen Hügel mit Blick auf sanfte Berge, an deren Hängen man die roten Dächer von einfachen Häusern erkennen konnte. Die Sonne brannte aus einem überirdisch blauen Himmel auf unsere Schultern. Keine Wolke war zu sehen. Weit über uns kreisten große Vögel. Die wenigen Bäume hier warfen keine Schatten, während es in meiner Welt gegen 3 Uhr morgens gehen musste, war es hier Mittag. »Hast du Angst vor einem Jetlag?«, witzelte Don Esteban, der in meinen Gedanken lesen konnte wie in einem offenen Buch, eine Gabe, die er auch mir immer wieder nachdrücklich unterstellte, die ich aber ebenso tapfer abstritt, weil ich nicht glauben konnte, dass so etwas möglich war. Zudem war ich in Sorge um all die Verantwortung, die für mich mit dieser Gabe einhergehen würde. »Ich frage mich nur, ob mir der ständige Schlafentzug nicht irgendwann einmal körperliche Probleme bereiten wird?« Als ich das gesagt hatte, bereute ich es bereits. Don Esteban funkelte mich beinahe böse an, sein Blick war wie eine Waffe! »Du lamentierst hier rum! Das kannst du! Jammern! Du Bübchen, du! Soll ich dir mal was erzählen über körperliche Probleme?« Ich wollte mich eigentlich entschuldigen, aber etwas in mir trieb mich an, nicht so einfach klein beizugeben. »Nun, körperliche Probleme wirst du ja wohl keine haben!«, zischte ich zurück, wohl wissend, dass das nicht unbedingt klug war. Er sprang auf und kam mir unangenehm nahe. Seine Lederstimme war drohend, flüsternd, voller Verachtung. »Ich war einmal von deiner Art! Vergiss das nie, du Narr!« Er drehte sich von mir weg und murmelte irgendetwas, was ich aber nicht verstand. Ich ahnte, was kommen würde, und stand auf, um ihm zu folgen. »Bleib, wo du bist!«, herrschte er mich an, ohne sich umzudrehen – die rechte Hand erhoben, Zeige- und Mittelfinger seltsam angewinkelt, wie eine verzerrte Schwurhand. Dann streckte er den Arm ganz nach oben und drehte die Hand langsam, ganz so, als ob er etwas aus dem sich zusehends verdunkelnden Himmel nach unten ziehen würde. Mir wurde übel bei dem Gedanken, ihn gereizt zu haben. Als er den Arm so weit nach unten bewegt hatte, dass seine Krallenhand auf Höhe seines Kopfes war, stampfte er mit dem linken Fuß auf. In diesem Moment endete meine Welt.

Alles hatte sich mit einem Schlag verändert. Der blaue Himmel war schwarz von bedrohlichen Wolken! Die heiße Sonne war fort, und eine unangenehme, feuchte Kälte griff nach mir. Mein Herz stolperte. Meine Beine versagten. Und noch etwas war anders als zuvor: Ich hatte Schmerzen! Zunächst konnte ich sie nicht zuordnen, weil jedes Gelenk, jedes Organ, jeder Muskel, alles an mir schmerzte. Eine Symphonie aus Schmerz! Ich rief nach Don Esteban, aber er war verschwunden. War ich zu weit gegangen? Oder war dies nur ein weiterer Test, eine Vorbereitung auf die nächste Urstruktur? Bisher war es immer so gewesen, warum sollte es dieses Mal anders sein? Aber ich war verwirrt, unsicher, und die Schmerzen machten mir das Denken unendlich schwer. Mühsam raffte ich mich auf. Ich fror und fühlte mich insgesamt hundeelend. Wieder rief ich nach ihm, aber mein Ruf blieb ohne Antwort. Etwas trieb mich vorwärts. So folgte ich einem schmalen Pfad den Hügel hinunter, in Richtung der Häuser mit den roten Dächern. Ich taumelte vorwärts. Die Zeit blieb hinter mir zurück. Alles geriet zu einem Traum, einem Albtraum, und ich war mir nicht mehr sicher, ob ich wirklich noch in Tierra Santa war oder ob ich eine Abzweigung in einen ganz gewöhnlichen Albtraum genommen hatte. Dann stürzte ich, und der Schmerz, der aufbrandete, sagte mir, dass es kein Traum war und kein Erwachen in Aussicht stand, bis Don Esteban sich milde zeigen würde. Ich erreichte die ersten Häuser. Alle Türen waren verschlossen. So schleppte ich mich auf einen kleinen Platz und erreichte endlich ein Haus, dessen Tür weit offen stand. Sanftes Licht, vermutlich von flackernden Kerzen, ergoss sich auf das Kopfsteinpflaster und versprach Wärme und Sicherheit. Ich trat ein und fand, die Beine übereinandergeschlagen, breit grinsend Don Esteban. Er saß vor einem offenen Kamin und schürte das Feuer. »Du hast Schmerzen? Du fühlst dich unwohl? Leidest du an dem, was du körperliche Beschwerden nennst?« Ich wagte nicht einzutreten und blieb in der Türe stehen. »Was denkst du, ist die andere Seite der Krankheit? Was denkst du, was es ist?« Ich fror, und die Schmerzen waren überall und beinahe unerträglich. »Die Gesundheit?«, gab ich etwas unsicher zurück. Don Esteban warf ein großes Stück Holz ins Feuer. Die Funken stoben hoch, die Flammen berührten sein Gesicht, ohne eine Spur darauf zu hinterlassen. »Wenn du das glaubst, hast du keine Chance!« Ich setzte mich und lehnte mich an den Türrahmen. Wenn das Gegenüber der Krankheit nicht die Gesundheit war, was dann? »Ich gebe dir eine letzte Chance«, kam es vom Kamin. »Du wirst sterben, wenn du die falsche Antwort gibst!« Noch nie hatte ich darüber nachgedacht, was mit mir geschehen würde, sollte mir in Tierra Santa etwas zustoßen! Konnte er das wirklich ernst meinen? »Ich scherze selten, wie du weißt!« Der Raum füllte sich mit Spannung. Was war es? Was konnte er nur meinen? Es musste etwas sein, was in mir war, und es würde mit den Urstrukturen zu tun haben! »Du bist nahe dran, aber die Zeit läuft dir davon!« Das Leben floss tatsächlich aus mir! So musste es sein, so starb man! Ich war nahe dran, diesem Gefühl der Sinnlosigkeit nachzugeben. Eigentlich wollte ich nicht mehr. Einfach nachgeben. Nicht kämpfen müssen. Zulassen. Die Verantwortung übergeben wie einen Schlüssel und alles hinter einem lassen. »Ich warte!« Don Esteban ließ nicht locker und brachte mich zurück an diesen Ort, der ebenso real wie unwirklich war. Welche der Urstrukturen konnte er meinen? Was gab es noch? Plötzlich wurde mir bewusst, was ich tat, was meine Bestimmung oder Berufung war! Wer oder was war es denn in mir, das tagtäglich gegen Krankheiten anderer auftrat? »Es ist die Grundstruktur des Heilers! Sie ist das Gegenüber der Krankheit! Und wenn diese Urstruktur nicht lebt, sie nicht in Resonanz ist, ist das Ergebnis Krankheit!« Don Esteban hatte sich mir zugewandt. Er lächelte. »Dass du es immer nur auf die harte Tour begreifst!« Ich spürte, wie die Schmerzen nachließen, die Kraft kam zurück, und mit ihr die Sonne draußen vor der Tür. »Bringst du mich nach Tinatlán, Don Esteban?« Wieder lachte er. »Du bist bereits da!« Ich lehnte an der Mauer, dem Tor zur Stadt. Alles war hier möglich, wirklich alles! Die Struktur zu finden war einfach. Sie war die letzte, im letzten Tempel der Stadt. Etwas Großes endete in dem Moment, da ich sie wieder vor mir schwebend sah, und etwas ebenso Großes war gerade dabei zu beginnen.

Was geschehen wird:

Je öfter du die Resonanz mit der Urstruktur des Heilers suchst, desto mehr werden Gesundheit und Wohlbefinden in dein Leben kommen. Du wirst diese Resonanz auch bei anderen hervorrufen und so selbst zum Heiler werden. Je nachdem, wie groß diese Urstruktur in dir von Natur aus aufgebaut ist, wird sich das Heilen auch in deinem Beruf niederschlagen. Du wirst einen neuen, besseren Zugang zu anderen, natürlichen Heilmethoden entwickeln und verstehen, dass diese Urstruktur essenzieller Bestandteil deines Selbst ist. Geburt und Tod, die Zyklen des Lebens werden sich dir auf neue Art und Weise eröffnen.

Heiler

*»Wenn du deinen Heiler auslebst,
wirst du wieder gesunden,
an Leib und an Seele, und alles um
dich wird zu einem wunderbaren
Tanz, der alle miteinander verbindet.
So heilt ihr euch durch euch selbst!«*

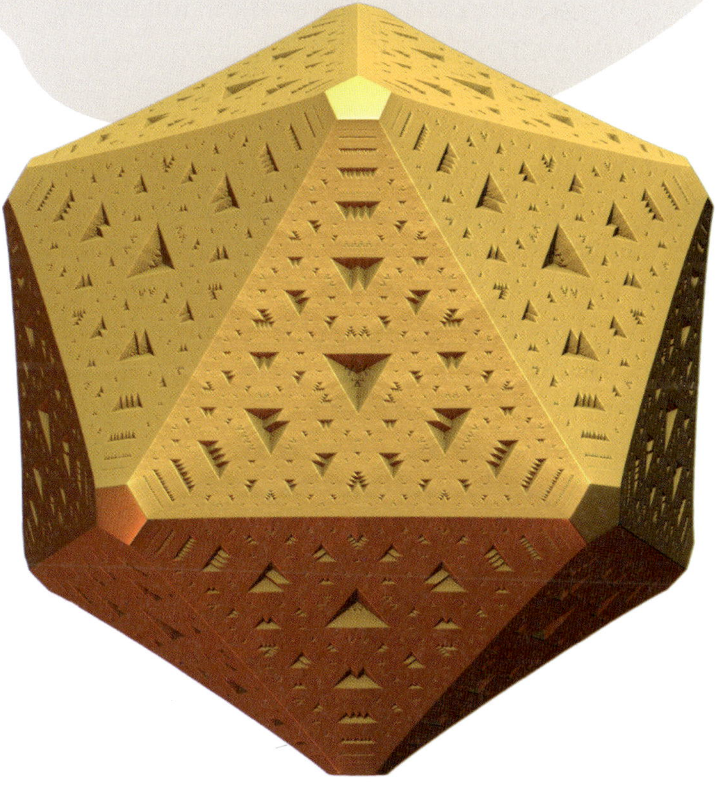

Am Ende beginnt es

*»Nichts ist endgültig,
alles ist im Fluss.
Selbst ich bin nur ein
endliches Wesen, das eine
Form der Existenz gewählt
hat, die es mir ermöglicht,
mich weiterzuentwickeln.«*

Die Wüste flimmerte in der letzten Hitze des Tages. Erinnerungen hüllten mich ein wie eine schützende Decke. So viel war geschehen! In meiner Welt, der alltäglichen Wirklichkeit, in der Daten und Termine eine Rolle spielten, war das Jahr wie im Zeitraffer vergangen. Hier, bei meinem Lehrer und Freund Don Esteban, war Zeit nur etwas, was man dehnen oder verkürzen konnte. Sie war und ist eine Zutat, um auch mir diese Welt leichter zugänglich zu machen. Letztlich habe ich in Stunden das erlebt, wozu vermutlich ein halbes Leben nicht reichen würde. Manche der Erfahrungen, die ich in Don Estebans Welt machen durfte, waren nur schwer mit dem in Einklang zu bringen, was man gemeinhin Realität nennt. Es hat mich Kraft gekostet, viele Nächte und viele Stunden des Nachdenkens, um einen Weg zu finden, das Erlebte auch anderen zugänglich zu machen. Nun saßen wir wieder auf diesem Hügel, den Blick auf die Stadt gerichtet, auf Tinatlán, auf die Pfade, die zu den Toren dieses Wunders führten. »Was gibt es noch in dieser Stadt, Don Esteban?« Er schwieg lange Zeit, endlich wandte er sich mir zu und schob den Hut ein wenig zurück, damit ich seine tiefen Augen sehen konnte, die klar wie zwei Bergseen waren. »Dort gibt es nichts, was nicht auch in dir wäre, das weißt du ja bereits. Du selbst bist Tinatlán!« Aber ich hatte dort noch etwas anderes gesehen, einen zentralen Punkt, einen Tempel, der genau in der Mitte stand, aber anders als die anderen war, unnahbarer vielleicht. »Das, was du dort suchst, ist die Summe aus allem, mein Freund! Es ist das Ganze, das reine Selbst, vollständig entwickelt und ohne Prägungen. Es ist so rein, dass du dir es nicht vorstellen kannst, weil es mit Vorstellung nichts mehr zu tun hat. Es gibt eine Bezeichnung dafür, Wörter, die dir aufgrund deiner Prägungen ein vermutlich verzerrtes Bild liefern werden.« Er stand auf und trat langsam ein paar Schritte hinter mich. »Was ist das für eine Bezeichnung, Don Esteban?« Die Sonne berührte blutrot den Horizont, die Schatten waren lang und verloren sich bereits, die Nacht war nahe. »Es ist das, was ihr als absolute Liebe bezeichnet.« Der Himmel über uns flammte rot auf. Die wenigen Wolken gerieten in Bewegung. »Wann werde ich wiederkommen, Don Esteban?« Ich wusste, dass er zu tanzen begonnen hatte. »Es sind immer noch die falschen Fragen, die du stellst.« Er lachte. Dann brachte er mich zurück in meine Welt.

»Du wartest immer zu lange!«
Das war Don Estebans Begrüßung,
seine ersten Worte an mich,
nach so vielen Monaten.
Ich war ehrlich enttäuscht.

Nachwort

Wir sind ein Stück des Weges gemeinsam gegangen. Wir haben die Urstrukturen Tinatláns kennengelernt. Wir haben erfahren, dass sie mit uns in Resonanz treten, dass sie etwas in uns auslösen: Sie bringen unsere inneren Strukturen in Schwingung. Dadurch erhalten diese mehr Energie. Wir können unsere inneren Strukturen wie einen Muskel trainieren. Diese Arbeit ist denkbar einfach. Es genügt ein Blick, um Resonanz zu erzeugen. Die Bilder »sprechen« uns an, sie »berühren« uns, wenn wir uns ihnen in einem entspannten, meditativen Rahmen annähern.

Einen intensiven Zugang zu den Bildern erhältst du über eine der drei beschriebenen Methoden (s. S. 49–52). Dabei ist es hilfreich, in einem dunklen Raum eine Lichtquelle auf diese Bilder zu lenken. Nimm dir Zeit, und arbeite zunächst nur mit einem Bild. Weniger ist mehr, der Zauber liegt in der Reduktion auf das Wesentliche. Später kannst du dir bewusst machen, welche Urstruktur an einem bestimmten Tag deines Lebens am stärksten ist. Oder aber du arbeitest mit mehreren Urstrukturen, um jene Konstellation an Strukturen anzuregen und in den Vordergrund zu bringen, die dir für eine ganz bestimmte Aufgabe nötig erscheinen (z. B. Vorstellungsgespräche). Spricht dich eine der Strukturen an und fühlst du zugleich einen Widerstand in dir, mache dir bewusst, dass du so auf eine störende Prägung in deinem System aufmerksam gemacht wurdest. Diese Prägung kannst du selbst entfernen, so, wie ich es in meinem Buch »Tierra Santa« ausgeführt habe. Hier kannst du auch noch einmal nachlesen, wie du mit deinem Energiekörper arbeitest. Alles ist Wahrnehmung! Und du selbst entscheidest über die Qualität derselben. Alles liegt in deiner Hand!

Es liegt also nun an dir selbst, die Arbeit mit den Urstrukturen fortzuführen und zu dem zu werden, was du wirklich bist. Alles liegt in dir, und die Bilder der Urstrukturen werden dir dabei helfen, dein Selbst auszubauen. Arbeite mit ihnen, und experimentiere! Entwickle eigene Zugänge, und vertraue darauf, dass alles Wissen, das nötig ist, bereits in dir ruht und nur darauf wartet, erweckt zu werden! Die Bilder erhältst du als Gratis-Download auf der Seite des Schirner Verlages. So kannst du auch die modernen Medien benutzen, um Resonanz zu erzeugen. Nicht umsonst haben wir Menschen diese Medien entwickelt. Sie sind Werkzeuge. Ebenso zielführend ist die Arbeit mit einer »App« (Hinweise zum Download der App findest du ebenfalls auf der Seite des Schirner Verlages). So werden Computer, Smartphone oder Tablet zu wirkungsvollen Projektionsflächen, zu den Höhlenwänden einer neuen Zeit, auf die wir die Bilder der Urstrukturen bringen, um mit ihrer Hilfe tief in uns einen Prozess des Erinnerns in Gang zu setzen! So gibst du all der Technik wieder einen wahren Sinn. Du solltest keine Angst vor dieser Technik haben und sie verantwortungsvoll und bewusst einsetzen.

Du wirst vieles in dir entdecken, und deine Entdeckungsreise wird ebenso spannend sein, wie die meine es war und immer noch ist. Der Weg endet nicht! Das ist das Grandiose an dieser Reise! Du wirst dich selbst weiterentwickeln und begreifen, dass alles im Leben Resonanz ist – ob die Kommunikation mit deinen Mitmenschen, dein schamanisches Handeln, deine heilerische Arbeit. Du wirst den Strukturen auf Schritt und Tritt begegnen, sei es als fraktale Darstellung auf den Bildern, die ich geschaffen habe, oder sei es in der freien Natur, die sich stetig aus sich selbst gebiert. Vielleicht wirst du in deinen Träumen einen Zugang zu deinen Urstrukturen finden oder aber Don Esteban holt dich eines Tages nach Tierra Santa, um dir die Pforte nach Tinatlán zu öffnen! Du wirst anderen Menschen begegnen, die ähnliche Erfahrungen gemacht haben. Und eines Tages werden auch wir uns begegnen! Sei es auf einem meiner Seminare, in denen wir die Techniken vertiefen und verknüpfen, oder aber in Tierra Santa selbst. Dann setzen wir uns auf einen Hügel, betrachten die Stadt zu unseren Füßen und warten darauf, dass Don Esteban für uns tanzt. Bis dahin lass uns die Zeit als etwas Relatives betrachten, als einen breiten Fluss mit unterschiedlichen Strömungen, immer anders, immer neu und in stetiger Bewegung. Wenn wir aktiv werden und uns bemühen, trägt uns dieser Fluss unweigerlich zu unserem Selbst. Er führt uns aus einer trockenen Wüste bis zum unendlichen Ozean des Seins! Denn dies ist unsere Bestimmung!

Lasse dich von den 16 Urstrukturen berühren, auf welchem Weg auch immer. Gehe in Resonanz, erinnere dich, woraus du bestehst, und werde wieder ganz du selbst!

Die 16 Urstrukturen als Gratis-Download im Internet, sowie Seminare und weitere Infos:

www.curandero.at

Georg O. Gschwandler

Vom Autor erschien ebenfalls im Schirner Verlag

Georg O. Gschwandler
Tierra Santa
Der schamanische Weg
128 Seiten
ISBN 978-3-8434-1121-9

Georg O. Gschwandler
Schamanische Wege zur Mitte
Das Praxisbuch des schamanischen Reisens
264 Seiten
ISBN 978-3-8434-1052-6

Georg O. Gschwandler
Schamanische Rhythmen
zur Einkehr in die eigene Mitte
CD, Spielzeit: 60:27 Min.
ISBN: 978-3-8434-8190-8

Bildnachweis

Schmuckelement auf allen Seiten: © sail, # 124636534, www.shutterstock.com
S. 23: © DeVIce, #57365763, www.fotolia.com
Alle weiteren Bilder: © Georg O. Gschwandler 2013